令和の
ローカル
メディア

防災・関係人口拡大に
向けた課題

松本 恭幸
佐藤 和文 著
佐藤 博昭

あけび書房

まえがき

....

3.11からコロナ危機までの期間、ローカルメディアはどう変わったのか

　平成の30年間のメディアの変遷を見ると、全国規模のマスメディアでは放送のデジタル化と多チャンネル化があったものの、ある意味でそれ以上に劇的な変化が起きたのが、都道府県、市町村をエリアとするローカルメディアである。

　具体的には平成の30年間で、NHKや民放キー局は衛星放送でチャンネル数が増え、またワンセグ放送も始まったが、その間、地方では市町村単位を放送エリアとして自主放送を行うCATVの加入率が、10％台から50％台へと大幅に増加した。そして、各市町村の領域を主な放送エリアとするコミュニティFM局が新たに登場して、今日では全国に300局以上存在する。

　さらにネットの登場により、これまで地域内での広報誌くらいしか独自のメディアを持たなかった各地の自治体やそこで活動する企業、市民団体等が、独自に自治体サイトや地域ポータルサイト等を通して地域から情報を発信して地域の外の世界とつながるようになり、一方、地域内では電子会議室、地域SNS等を通した地方自治や地域づくりへの市民参加、あるいはNPO／NGOや市民同士による地域メディアを媒介した新たなコミュニケーション回路が構築された。そして、地方での生活情報の入手経路が、タウン誌、フリーペーパーを経てウェブへと移行し、一部の地域では自治体広報以外に電子自治会の仕組みも構築されるようになった。

　マスメディアの報道のあり方も、たとえば新聞では、デジタル化にともなう電子版の創刊等はあるものの、従来の政治、経済、社会、国際、文化面のニュースの中身については、際立って大きな変化は見られないが、地方面についてはより生活情報に密着したニュース配信や、さらに一部の地方紙・地域紙による市民記者・市民レポーターの活用等、より目立った変化が見られる。

　このように平成の30年間を通してローカルメディアはマスメディア以上に大きく変化し、そして東日本大震災をきっかけに、一時、被災地で必要とする人に必要な情報を伝える防災面での役割がクローズアップされたが、震災から数

年経ち、今度は人口減少による地方の衰退が進む中で、ローカルメディアの苦境を伝えるニュースが各地で聞かれるようになった。たとえば、ローカルジャーナリズムの主な担い手である地方紙・地域紙を見ると、実際にこの数年で廃刊になったところも少なくない。

　ただ、ローカルジャーナリズムの機能を持った地方紙・地域紙を始め、地域の人が必要とする地域の情報を伝えるローカルメディアがその役割を果たせなくなると、その地域のコミュニティで暮らす市民の生活環境へ及ぼす影響は非常に大きい。ローカルメディアがないと、地方自治への市民参加や、地域で一体となった地域づくりの取り組み、そして関係人口拡大に向けた地域の魅力発信といったことも難しくなろう。

　この本では3.11でクローズアップされたローカルメディアが、平成が終わって令和の時代に入り、今日、コロナ危機に直面する日本社会でどのように変化し、またこれからどのような方向に向かおうとしているのか見ていきたい。

（松本　恭幸）

コミュニティFM局にとってベストの運営方式とは

立ちすくむ地方紙

未来を引き寄せるために

はじめに

「文字離れ」、あるいは「活字離れ」とともに、「新聞」というメディアから多くの読み手が離れてしまった。20代、30代にとって新聞は、なんとなじみのないメディアになってしまったことか。その責任の一端は、長い間、地方新聞社の仕事に携わってきた筆者にも当然ある。資源問題もあって、紙の新聞が紙の新聞のまま、未来永劫続くと考える人はいない。だが、「新聞」を「新聞社」に置き換えてみると、問題はそれほど単純ではなくなる。

特に、この章で取り上げる「地方新聞社」が、ニュースや情報を提供する主体であり続けるためには、紙の新聞の発行を主たる業務とすることが必須なのかどうか、胸に手を当てて考えるべきだ。少なくとも伝統的な紙メディアとしてだけでなく、デジタル技術やネットワークを生かした配信サービスを得意とする企業として、歴史を刻む覚悟が求められているのではないか。駆け出しの頃、「新聞の第1面は歴史を刻む」と先輩記者に言われたものだが、ネット社会にアナログとデジタル双方の技術を駆使する地方新聞社は何を刻むことになるのだろうか。

インターネットが日本に登場してからほぼ四半世紀。いわゆる「ネット社会」、「デジタル社会」である。そんな社会にあって、ニュースや情報を提供する主体であり続けるためにあらゆる準備をするのは当然のはずだが、「新聞」、「新聞社」についての考え方や好み、習慣の違いもあって、そう簡単ではないのだろう。地方新聞社は、インターネットの脅威の前に立ちすくんでいるかのように見える。

この章では、地方新聞社が曲がりなりにもインターネットと向き合うようになって20年、さらには東日本大震災から10年の時間軸を意識しながらローカルメディアの世界で何が起きたのか、ローカルメディアの近未来を引き寄せるためにどんな前提を置く必要があるのかを浮き彫りにする。既存の地方新聞社も、ローカルメディアの世界を足元から見詰め直し、多様なシナリオを持つプレーヤーとして時代に参加する覚悟を決めよう。地域に由来する新聞社が近未来への入り口に立ち、さらにその先を見渡すための環境として、ここでは「メディアプラットホーム」の形成を提案したい。

1 ローカルメディアはネット社会とともに

ネット草創期を振り返る

　インターネットのために苦労だけはたっぷりしてきたはずなのに、地方新聞社のデジタル対応は依然としてどこを目指しているかよく分からない。ローカルメディアとして抱える長期的な課題や可能性を論じる空気を、内部に閉じ込めてしまっているせいではないか。たぶんにネガティブな空気、初めから負け戦的なニュアンスが濃厚であったとはいえ、ネット草創期の地方新聞界には、ネットを何とか正面からとらえようともがく姿があった。今は果たしてどうなのか。

　筆者は仙台市・宮城県を中心とする東北地方を主な取材エリアとする河北新報社（本社仙台市）の新聞の記者・編集者を23年続けた。「目標は生涯一記者か」と思い定めた頃、ネット草創期のたった１人の担当者に指名され、ほとんど手掛かりのないままに暗中模索を強いられた。1997年（平成９年）のことだ。

　当時、インターネットに詳しい人が周囲にはいなかった。東京まで行けばさすがに専門家はいたが、彼らの主要な関心はせいぜいが「通信と放送の融合」だった。新聞社、特に地方新聞社に共感を抱く形でインターネットを位置付けている専門家は、ほとんど存在しなかった。やむを得ずインターネット発祥の地である米国に手掛かりを求め、機会をとらえては足を運ぶようになった。

　新聞記者からインターネット専業へのステップは、個人的には決して悪い選

択ではなかった。正式な人事異動を受けてネット専従になったものの、「なぜわが社がネットに取り組む必要があるか分からない」との声が経営トップの間に根強く、申請した数十万円の調査経費さえ認めてもらえなかった。そのためネット専業初年度の稼働はほぼ1年遅れた。

　当時の地方新聞社の空気はどの社も同じようなものだった。だから、今さら自分の出身母体を批判したいわけではない。ただ、あのときの自分は確かに紙の新聞記者を首になったのだった。記者として培ってきた知識や人のネットワークのほとんどが使えなかったのは仕方がないとして、ネット専従者を勝手に作っておいて当惑しているような組織の空気がこたえた。いったん失業したに等しいと思うこともしばしばだった。

　ネット専従者として15年もの月日を「ネット×地方新聞」の研究に費やしたところで、2011年（平成23年）3月11日の東日本大震災をネット分野の責任者として経験した。巨大地震による施設倒壊のため、インターネットに出ていく最上位の部分で通信回線が正副2系列とも途絶し、ニュースサイトが16時間にわたって遮断された。

　大震災の情報を求めて、世界中からアクセスが殺到していた。地方新聞社のネット担当者との間で、災害時の対応策について何度も協議していたにもかかわらず、最低限のニュースさえ配信できない空白の時間を作ってしまった。あのことは今でも時折夢に見るが、その後、大震災に立ち向かった新聞社として発刊したドキュメンタリーの中に、「インターネット」の「イ」の字も登場しなかったことの方がダメージは大きかった。

　言うまでもなく東日本大震災は、「ネット社会」を初めて襲った大規模災害だった。1995年（平成7年）1月17日の神戸（阪神淡路大震災）の時と全く異なる状況のはずだったのに、新聞社の公式記録ともいえるドキュメンタリーの中で、その歴史的な意味さえとらえられないのだった。正直なところ打ちのめされた。

　ローカルジャーナリストの寺島英弥さんが東日本大震災10年を機に発表した『被災地のジャーナリズム－東日本大震災10年 "寄り添う" の意味を求めて』で[*1]詳しく書いているように、現実には地方新聞社のネット事業を担当したメディア局、編集局夕刊編集部のメンバーを中心に、大震災下の市民の表情や暮らしに必要な情報を得るために自転車で走り回り、適宜、ネット配信する試み等が行われていた。当時、河北新報社が運営していた地域SNS「ふらっと」を利用した情報発信も、地味ではあったが徐々に動き始めていた。寺島さん自身も、

名取市閖上地区の日和山（標高6.3m）には震災から
10年たって犠牲者を悼む人たちが絶えない

河北新報の最初で唯一の記者ブロガーとしてブログ配信を続けた。

東日本大震災の後始末からさらにその先へと続くはずだったデジタル戦略の総括担当を最後に、ネット専業は通算で17年。ネット草創期から掲示板、SNS、ツイッター、フェイスブックを導入し、ヤフー、グーグルとの交渉も担当した。定年により40年に及ぶ新聞社での役割を卒業した後、フリーの編集者・取材者としての活動に入って7年が過ぎた。フリーになってからは主に東北発の参加型ネットメディア「TOHOKU360」の立ち上げと運営に参加しながら、すみ慣れた既存のメディア世界とは異なる論点、手法、視界の広がりを体感している。

そんな経験を踏まえると、インターネットやデジタル社会に向かう地方新聞界の「ずれ」具合があらためて気になる。あっという間の四半世紀の間に、地域（地方）に由来する新聞社は、長期的な観点でどれだけの準備をしてきただろうか。後輩たちの邪魔にならないよう遠くから見守る限りでは、非常に悲観的にならざるを得ない。

だが、悲観的な気分に漬かったままで語れることはほとんどないので、ここでは「いずれ新聞は駄目になる」との前提をあえて外し、地方新聞社のために今、言えることを組み立てた。現場から離れている気楽さを棚に上げながら先回りして書いてしまえば、地域に由来するメディアとしての可能性は多様で、可能性の一つひとつが地域性に富む独自の道につながっている。「地域由来」と「世界に向かう発想」を武器に、「らしさ」をみがき上げたい。特に地域発の情報発信や消費・活用の場面で、メディアと同じコミュニティに暮らす人々や企業、団体等と連携しながら開発・構築すべき環境を、ここでは「メディアプラットホーム」と呼ぶことにする。

その際、地方新聞社は何を提供できるのだろうか。ありがちな上からの目線

を排し、さまざまな地域のプレーヤーと協働する先に、デジタル時代の社会貢献やビジネスモデルの可能性がやっと見えてくるはずだ。多くの地方新聞社の経営陣が陥ってきた、たかだか１、２年スパンの「マネタイズ」は、とりあえずお金のにおいがするだけで、地方新聞社の未来を引き寄せる議論としては幻想にすぎない。新聞の発行部数について新聞協会が公表している統計数字を、もう一度見直してはどうだろう。

縮む新聞―地方紙の苦境

　インターネットが日本にも登場して以来、日本の新聞界は苦戦を続けているように見える。マイクロソフト社のオペレーティングシステムWindows95が国内に登場した1995年（平成７年）以降、パソコンが本格的なビジネス基盤となり、インターネットがメディアを取り巻く環境に決定的な変容をもたらした。
　日本新聞協会の調査によると、朝夕刊セット紙を１部として計算した新聞の発行部数は、Windows95から２年後の1997年（平成９年）時点で5377万部だった。厳しいと言われながらも底堅さを見せていたが、部数減少傾向は次第に顕著になり、2010年（平成22年）に5000万部を初めて切ると、その後は毎年発行部数を減らし続けた。2018年（平成30年）には3990万部と、ついに4000万部を切った。10年足らずの間に1000万部が吹き飛んだ形になる。翌2019年（令和１年）も3781万部、2020年（令和２年）は3509万部と、減少傾向に歯止めがかかっていない。2020年（令和２年）の発行部数3509万部は、ピーク時に比べて1868万部も少ない。
　１世帯当たりの発行部数は2008年（平成20年）に0.98部と初めて１部を割り、2020年（令和２年）の0.61部まで落ち込んでいる。人口1000人当たりの発行部数で見ても、2000年（平成12年）には570部だったのが、2020年（令和２年）には340部まで落ち込んでいる。
　この時期の世帯数は、1997年（平成９年）の4678万世帯から2020年（令和２年）の5907万世帯へと1229万世帯も増えている。増加率にして26％。戸別の宅配を事業の軸にしてきた日本の新聞社にとって、世帯数の増加はマーケットの広がりを意味しても不思議ではないが、現実は全く逆の様相を呈している。
　電通のデータをもとに日本新聞協会が作成した数字によると、1999年（平成11年）に１兆1535億円あった新聞広告費が、2019年（平成31年）には4547億円まで

落ち込んでいる。電通の総広告費が1999年（平成11年）の５兆6996億円から2019年（平成31年）の６兆9381億円に伸びる中での新聞広告費の縮小だけに、新聞社の経営に与える打撃は大きかった。

1995年（平成７年）頃から目立ち始めたＩＴ環境の普及・深化は、2000年（平成12年）以降、インターネットとデジタル技術の発達に加え、スマートフォン、タブレット端末の普及が急速に進んだ。ネット環境を飛躍的に推し進める５Ｇの実用化が、社会全体を大きく変えようとしている。

新聞社にとって不幸だったのは、インターネットやデジタル技術の発達が常に敵対的な存在として映ったことだ。実際は新聞業界だけを狙い撃ちするものではなく、社会活動のあらゆる部分に変革を迫るものだった。何らかの幸運や偶然に依存することで、新聞業界だけが回避可能な問題ではもともとなかった。新聞発行部数の急激な落ち込みの背景として「活字離れ」や「文字離れ」を上げることが多いが、ソーシャルメディアが急速に浸透していくにつれ、巨大で新しいメディア空間が生まれつつある点に注目すべきだ。そのメディア空間では、たとえば動画の共有サービスのような新たなサービスが急伸している一方で、伝統的な文字情報のニーズも急拡大している。

とりわけ経営基盤の点でぜい弱な地方新聞社にとっては、新聞発行部数の落ち込みによる経営面の負荷は厳しいが、地域に由来する事業体ならではの可能性を重視しながら、新しい価値を生み出すサービスの開発に取り組むべきだ。広い視野を保ち、長期的な戦略と自ら自分のために事をおこす覚悟が必要だ。

「新聞」から解決策は生まれない

この間、本来は「紙」の生存戦略と対になるデジタル戦略が必要だったのに、インターネットが登場して以降、大方の地方新聞社はデジタルを不都合な存在＝「紙」を害するものととらえてきた。スリルがいっぱいでリスクも大きく見えたネットの世界に比べて、新聞事業は長期的な実績がものを言う得難いビジネスモデルだった。それは「栄光の成功譚」だったと言っていいが、若者世代を中心に広がった文字離れに加え、1990年代半ば以降、インターネット環境が本格化、現在に至るまで未来につながる画期的なビジョンを確立できたとは言えない。「栄光の成功譚」のしがらみから抜け出さない限り、地域に由来するメディアとしての未来図を手にすることはできない。

後輩たちが日々、向き合っているメディアの現場が厳しいことは、自分にも覚えがあるのでよく分かるつもりだが、それにしても一体、どんな将来ビジョンに基づいているのかがまったく伝わってこない。業界特有の「先例尊重・横並び主義」、「お金にならなければ取り組む意味がない」、「ネットか紙かの二分論」にいまだにとらわれ、地域に由来するメディアであることの意味を育てることを忘れてしまってはいないか。地域由来の新聞社に固有の環境から導き出されるメディア論が今こそ必要だ。

　インターネットは新聞だけを狙い撃ちしたわけではないし、その影響がどこかで消えてなくなる見通しがあるわけでもない。仮に新聞の側に固有の致命的な問題があるなら、その問題点をピックアップし対応すれば解決に向かうはずだが、インターネットの悩ましいところは、「新聞」というメディアだけをいくら研究しても解決策を見い出せるわけではない点だ。もう少しはっきり言えば、新聞縮小の要因が新聞にあると考え、解決の道を新聞の枠内だけで探る試みはあまりに空しい。まったく無駄とは言わないが、「新聞」だけに気をとられるあまり、ネットから目をそむけることがあるとすれば事は重大だ。

　新聞が苦戦する理由は、インターネット自体の魅力にある。通信回線の飛躍的な進化やPCからスマートフォンへの展開、ソーシャルメディアの爆発的な浸透等ネット環境がもたらしてきた機会群は多様で拡張性に富む。そしてそれは本来、地方新聞社にも適用されるはずなのだ。

　地域メディアを育んできた歴史や文化が育んできた価値、人と組織のネットワーク等、ネット系列の活用分野を構成するきっかけや素材群をあらためて見つめ直したい。

2 地方新聞社の新展開

メディアプラットホームのすすめ

　この章で実現を模索する「メディアプラットホーム」は、ローカルで活動する多様なメディアが、さまざまに連携・交流することで現実のものとなる。ローカル発のニュースや情報の発信・流通の場となるだけでなく、報道や情報発

信に関心のある人々の参加の場ともなる。「メディアプラットホーム」を構成する全ての人や組織は、あらかじめ可視化されているわけではない。だが、ネット以来、東日本大震災以降のローカルメディアの世界をよく見ると、地方新聞社のリーダーたちがとらえ損ねてきた「メディア資源」が地域には数多く眠っている。地方新聞社が「ローカルメディア」の一つとしてプラットホームに参加しようと思うだけで、地域を支える人や組織との連携を目指す場が見えてこないか。それぞれの地方新聞社がプラットホームを意識することにより、新しいデジタル社会に適合する道が見えてくる可能性もある。

　「世界のメディアの今後を理解するうえで、『分断』がますます重要なキーワードとなる。グローバリゼーションに乗っかっている、広いマーケットに対応できるメディアと、ハイパーローカル的なメディアとして地域に密着した情報を手掛けるメディアの二つに分かれる」

　世界のメディア事情と地方新聞業界の双方に詳しい専門家の一人は、米国のあるデジタル専門会社の役員の見方を次のように紹介する。

　「どんなニュースをどこに向けて配信するのか、ニュース配信を通じて何を目指すべきなのか。メディアとしての明確な戦略を持たなければ通用しない。ハイパーローカルメディア的なニーズのあるところに世界や全国的なニュース・情報を流しても、誰も見てくれない」

　専門家によると、デジタルなメディア空間をしっかり演出し、顧客を獲得できている欧米のメディアの場合も、一朝一夕に成果を上げたわけではない。2000（ゼロ）年代半ば以降、「DX（digital transformation）[*2]」の導入など、数多くの失敗を繰り返してきた。「日本の地方新聞社の場合も、これからの10年を大事にして試行錯誤すれば道は必ず開ける。しかも、グローバルな市場を前提にしているメディアよりも、地域と密接な関係を維持しながら進むメディアほど生き残れる可能性が高い－というのが有力なメディア関係者の共通した見方だ」。

　地方新聞社の仕事に携わったことのある人なら、もっと端的に新聞事業と並立可能な有料サービスが必要と考えるかもしれない。確かに収益の柱となる新しいビジネスモデルは大切だが、デジタル社会における変化のスピードや質を考えると、従来までの事業マインド、仕事感覚をひきずってきた地方新聞社にはあまりに荷が重い。

古くて新しい問題「ハイパーローカル」

　専門家が指摘した「ハイパーローカル」も、実は1990年代初頭、米国を中心に強調された考え方だ。筆者が西海岸を中心に何度もメディア取材に出かけた理由の一つでもあった。その概念が今でも重要なキーワードとして語られる。あれは長いストーリーの始まりにすぎなかったのだろう。全国的なフィールドで競争を強いられる新聞社の場合、ローカルの可能性を理解できても、息長く空気を吸い続けるように地域を耕すことは、事実上難しい。東日本大震災から2021年（令和3年）3月11日で丸10年。震災発生直後から動き出した地元新聞社の報道・事業両面にわたる活動を見ていて、心底そう思う。

　ここで提案する「メディアプラットホーム」の作り方自体、たぶんに「ハイパーローカルメディア」の理念や各地方新聞社が独自に開発する手法を総動員する必要がある。それは各地方新聞社のメディア環境に合わせてデジタル技術やサービスごとに成立するものであり、使い回し可能な共通トリセツ的なものは存在しない。

　本稿について具体性に乏しいとの批判があるかもしれないが、地域に由来するがゆえに関連する変数が多いことは、むしろ地方新聞社の優位性を意味する。その土地の風土や歴史等多様な環境ごとに、メディアとしての理念や目標を設定し、方法論も含めて独自に開発する必要がある。崇高な理論や時代を解くキーワードを遠隔操作のように当てはめようとしても、地域に由来するメディアの近未来については答えを出しようがない。ネットやデジタル技術と地域メディアの掛け算による近未来は、じっくり腰を据えて取り組む者だけに見ることが許される。

参加型メディアであること

　「メディアプラットホーム」を構想するために、現時点で提案可能なポイントはある。

　第1に、多様な参加によって成り立つメディア（ジャーナリズム）を目指すこと。取材のきっかけを地域に求めるオン・デマンド報道的なアプローチを、思いきって導入する必要がある。従来、一方的に配信・配達して終わりだった報

道やジャーナリズムの概念を、地域の声に耳を傾けながら可能な限り拡張する。

　最近、地方新聞社の一部がオン・デマンド的な報道手法を取り上げ、注目を集めているが、胸に手を当てて考えてほしい。元来、この手法は「移動編集局」、「移動取材班」、「こちら編集局」などのスタイルで、地方新聞社が最も得意としてきた。地方新聞社の看板を掲げる新聞社なら、具体化しやすいはずだ。

　かつての取り組みと決定的に異なるのは、今なら新聞はもちろん、いわゆるソーシャルメディアも含めて、参加の手法をあらゆる角度から検討可能な点だ。読者・購読者との距離を極力縮め、報道の成果に反映させる取り組みの結果、生まれるメディアプラットホームには、多様なニーズに対応可能なデザインや奥行きを有するコンテンツが流れはじめる。そこまでたどりついて初めて、プラットホームの内外を結ぶ循環・流通の機会が見えてくるはずだ。

「上から目線」は最悪の禁じ手

　第2に、新しいメディアプラットホームは、地方新聞社がよって立つ地域のあらゆるプレーヤーと連携することで初めて成り立つ。その際、伝統的なメディアにありがちな「上から目線」は最も排除されなければならない。言うまでもなく伝統的な新聞手法は、なお存在価値を示すためにさまざまな努力が払われなければならない。特に忘れてはならないのが、従来からのマスメディア批判の一つひとつに答えを出すこと。地域に由来するメディアだからこそ可能な目標を、同時に設定すべきだ。

　第3に、あらゆる当事者たちの連携を通じて見えてくるコンテンツ価値、サービス価値の開発が、とりわけ重要だ。プラットホームの中で新しく育つコンテンツやサービス概念と、地方新聞社が保有するデジタル・アナログ双方から成るコンテンツの組み合わせが、新たなビジネスモデルの実験フィールドを提供するだろう。

　多くの地方新聞社は、ここ10年ほどの間に古い新聞記事のデジタル化に力を注いできたが、デジタル化に要するシステム開発に追われるあまり、デジタル化され、めでたくネットを流通するようになったコンテンツを、どう活用していくかを考える余裕はなかった。そのためせっかくデジタル化し、オンラインに乗るようになっても、「記事1本ン十円也」の単純・素朴な販売商品の域を出ていない。

さらに深刻なのは、デジタル化以前から大量に保管されている記事や写真データが、相変わらず活用されないままに、事実上、死蔵されている問題だ。デジタル・アナログのアーカイブをどう利活用すればいいかについては、さまざまにアイデアを膨らませることが得意な人材が、地元にも大勢存在するはずだ。「メディアプラットホーム」実現のための必須科目と考えたい。

3 静岡新聞社の挑戦

画期的な「イノベーションリポート」

　最後に、デジタル社会への適合を考える地方新聞社にとって、全てのチャレンジの前提となる条件がある。それは「当事者のやる気」の問題である。最近、注目されている静岡新聞社の例を紹介する。

　静岡新聞社は発行部数55万部、グループの静岡放送と合わせた社員数約640人。夕刊も発行する、いわゆる県紙だ。この静岡新聞が2020年（令和2年）7月、「静岡新聞社イノベーションリポート」をネットで公開すると宣言して、新聞業界やメディア関係者を驚かせた。リポートを公開するにあたり、「真の『ユーザーファースト企業』へ」と銘打った。同社の「イノベーションリポート」はA4判で100枚を超え、ネットで簡単にダウンロードできる。以下に目次を示す。

　第1章「はじめに　なぜイノベーションリポートをまとめたのか」
　第2章「静岡新聞が大切にしてきた信念・理念」
　第3章「静岡新聞を取り巻く環境の変化－時代、業界、ビジネスモデルの移り変わり」
　第4章「社員が考える静岡新聞（社）の課題」
　第5章「現在のユーザー（地域を形づくる生活者・企業）の実態」
　第6章「未来のユーザーの価値観」
　第7章「静岡新聞とユーザー、未来型顧客とのギャップとそれらを埋める方策」
　第8章「ビジョン　新たな船出」

「イノベーションリポート」をまとめるにあたって静岡新聞社は、米国カリフォルニア州シリコンバレーに専従者を置き、ニューヨークタイムズの手法を日本語訳することから始めた。社内外の270人へのインタビューを軸に、「静岡新聞社のあるべき姿＝ビジョン」を模索している。「イノベーション」の担い手となる人材を育てるため、シリコンバレーでの実地研修を実施した。会社からの指名だけでなく、社内公募の形もとった。

シリコンバレーが改革の機運つくる

社業をさまざまな分野で支える社員の当事者意識を醸成する試みは、ネット時代の戦略や事業開発に取り組む企業にとっては、ほとんど初期的といっていいテーマだ。地方新聞社の場合、ネット時代の本質をとらえ損ねてきただけでなく、新聞というビジネスモデルがあまりに強固なために、構成メンバーの当事者意識まで遡って試行錯誤する思考土壌が欠けていたかもしれない。静岡新聞社の最近の取り組みは、地方新聞社を担う人たちの当事者意識の醸成を目指し、他人任せを排しながら具体的に動いている、日本ではほとんど唯一の事例といっていいだろう。

その先駆けとしてシリコンバレーに乗り込んだ奈良岡将英さんは、「さまざまな職場環境を背景に持つ研修参加者は、有力なＩＴ企業が集積するシリコンバレーの空気を体感。自分の属する組織の『イノベーション』の意味を実感できた人がいたのは大きかった」と振り返っている。

同社の取り組みがユニークなのは、絶えず社員の声を直接聞き、それを可視化している点だろう。イノベーションリポートの中に社員の肉声が反映しているのはもちろん、このリポートに先立つ2020年（令和２年）６月12日、「中期経営計画改訂版」を社員に示した際の受け止め方との比較を通じて、社員の意識の動きを探っている。2021年（令和３年）１月には、改革に向けた一連のステップを踏まえて新規事業創出を担う新組織「Future Creation Studio（未来創造工房）」を旗揚げ、併せて静岡放送のイノベーションリポートの作成も急いでいる。

大石前社長へのインタビュー

　静岡新聞社の改革に向けた取り組みは2000年代から始まっている。大石剛社長（当時）によると、「たとえば電通の協力を得て社内の一部のメンバーが担当するのが従来のやり方だったが、今回は社員自身が当事者意識を持ち、何事もそれぞれ腹落ちする形で進んでいる点が重要だ。その結果、重要なポイントとして『ユーザーファースト』が浮かび上がっているが、なんでもユーザーの言うことを優先するということではなく、地方新聞社としてのあるべき姿＝ビジョンをしっかり意識しながら判断し、手を打っていく。そのこと自体、社内で共有できていることが大切だ」と話している。

●静岡新聞社　大石前社長へのインタビュー詳報 (2020年12月1日)

—組織改革の議論を外部に公開することになった経緯や狙いは？

大石：議論の成果をオープンにしたいというのは、現場から出てきた考えだ。退路を断つ意味がある。これまでも組織や事業の改革に絡んで取り組んできたが、なんだかんだで、うまくいかないケースが多々あった。しかし、今度は違う。議論の経過をあえて公表することによって、プロジェクトの推進にかかわっているメンバーだけでなく、社員全体にも意識を持ってもらう狙いがある。

　2020年（令和2年）7月の株主総会の社員総会から、「自分ごと化してほしい」と言うようになった。もうひとつ強調しているのが、「腹落ちする」という言葉。これはすごく大事。腹落ちしないと、みんな納得して動けない。では、「腹落ちする」とは何か。それはディスカッションするということ。ディスカッションし、腹落ちしたうえで動く。その理想に少しでも近づきたい。

—インターネットに関する問題で、全員が腹落ちするのは簡単ではない。

大石：そのとおりだ。うちだっていまだに簡単に腹落ちしているわけではない。そういう意味ではシリコンバレーでの研修は、腹落ちさせる機会にはなったような気がする。

―会社単独ではなく、専門性のある外部の人たちのサポートを得て取り組んでいるのはどんな事情からか？

大石：社の改革をやろうと最初に思ったのが、2000年（平成12年）ぐらいだ。もう20年経つ。当時は「ブランディングプロジェクト」と呼んだ。ユーザーの延長線にいる、静岡県内のキーマン（有力者）や社員を対象に意識調査を行う等、プロセスはほぼ似ている。違うのは、前回は社内の一部のメンバーが電通の協力を得てプロジェクトとして取り組んだが、今回は研修をシリコンバレーでやって、受講したメンバーを巻き込んだ点だ。前回は、ほんの10数人のプロジェクトメンバーだった。今回は、シリコンバレーに約80人を送り込んだ。シリコンバレー研修を受けた社員のうち、興味関心を抱いたメンバーがずっとかかわるようになった。巻き込み型でやってきた点が最も重要だ。

―報告書を読むと、そうやって巻き込まれた人たちの思いを文字化しているあたりが、仕事の進め方としては特徴的だ。逆に今回のプロセスに触れた結果、やる気がなくなった人、モチベーションが下がった人の思いにまで寄り添うことができているのは重要だ。目標をどこに置くかで違ってくると思うが、とりあえず緊急で取り組まなければならないことは？

大石：やはり何をやるにしても、社員のマインドセット（思考様式、心理状態）が重要だ。情報がきちんと届けられるのであれば紙（新聞）だろうとデジタルだろうと、ユーザーにとっては関係ない。新聞社や放送局の人間は、自分たちがやってきたことにこだわりを持ち続けている。間違いなく組織の上ほどそういう意識が強いので、自分たちの軸足が一体どこにあるのか、マインドセットをきちんとやらなければならない。マインドセットを変えるのは一番底辺の話であって、じゃあ何をやっていくのかということになると、正直まだあたりが見えない、分からない。多分、正解はないんじゃないか。

　　日経とかウォールストリートジャーナル、ニューヨークタイムズの場合なら有料課金すればもうかるだけの情報が含まれている。特に、日経とウォールストリートジャーナルは財布に連結する話なので、「電子版」でもみんな有料で加入する。ニューヨークタイムズはコラムを読むためにこぞって入る。知識欲が強くて知識を披露したい人が読むメディアといった、特定の紙（新聞）という強さがあるけれども、われわれローカルペーパーや日本のナショナルペーパーは、そういうものがない。極論を言うと、ぜひこれを読んで知

識として自分のものにしてほしいと言えればいいが、残念ながらそれほどの
レベルには達していない。

　だからと言って今までの新聞をそのまま有料媒体・有料課金サイトにでき
るかと言えば、まったくできない。僕らは日経、ウォールストリートジャー
ナル、ニューヨークタイムズとは、まったく違うものを追わなければならな
い。じゃあ、違うものをどう追うんだと言った時に、自分なりの考え方を持
っているが、自分一人でやるわけではない。たぶん、いろんな仮説を立てて、
社員全体でそれを共有してないとできない。そのためには失敗を数多くした
方がいいと思っている。いろいろ立ち上げて失敗をしてもらうことがまず大
事だと思っている。

―特にインターネットの場合、失敗することが怖い。失敗を恐れなくてもいい
　だけの体力があればいいが、ネットの場合はいったん失敗すると、それ見た
　ことかと紙の方から言われる。
大石：何かトライして成功するやつはすごく偉い。次に偉いのは何かにトライ
　しようと思って失敗したやつ。最低なのは何もしないやつだ。トライする意
　識を大事にしてほしい。

―現時点で新聞というメディア事業は苦戦しているし、これからどうなるか分
　からないと不安な人も多いと思う。可能な限りの合理化を繰り返し、給料が
　安くても新聞を出したいという人を集めれば、新聞を発行することだけはで
　きる。でも今、地方新聞社に期待されているのは、もっと別のことではない
　か。
大石：危機的な状況であることは間違いない。紙の部数は減っていくわけだし、
　紙を発行するためにはものすごく設備投資にお金がかかる。紙が何部であっ
　ても設備投資にお金がかかるのは間違いがない。部数が減るほどにきつくな
　っていくのは間違いがない。ただ、設備投資の部分で、今のように輪転機が
　必要なのかということがいずれ問題として出てくるだろう。一方で紙がまっ
　たくなくなることはないだろう。どういう形であれ紙は残る。ただ、ユーザ
　ーからすると、紙だろうとネットだろうと関係ない。お客様が求めるデバイ
　スに応じた情報の発信に、僕らがきちんと対応していくだけのこと。そこを
　有料化してサービスを作っていければいい、そこをどうやればいいかだけだ。

―ユーザーが求める有料商品をつくるという場面に限定して言うと、手掛かり
　は？

大石：手掛かりと言うなら、やはりユーザーにどういうサービスを提供してい
　ければいいか、時代に合わせた最適化を僕らがどれだけやれるか、それを納
　得した形で情報発信すべき部署が、ユーザーとサービスの関係を共有できる
　かどうかだ。

―これからの地方新聞社の役割を考える時に、いい情報をニュースとして展開
　する以外に、新聞というメディアが持っている可能性、広がり、このボタン
　を押したらこんな楽しみが見い出せるといった中で、新しい有料ビジネスの
　ヒントが出てくるのではないか。会員制で今の新聞と同じ料金をとれれば言
　うことないが、なかなかそうはいかない。見通しは？　とりあえず緊急にビ
　ジネス化して、新聞の苦しいところを補えるようなイメージの事業の軸はど
　んなもの？

大石：僕らはやはり情報を売ってなんぼの世界なので、紙で売れるのかそれと
　もデジタルで売れるのかは別として、情報を売ってなんぼという軸はぶれな
　い。ただ、デジタルで売る分に関して、ネット上の情報はただ、というよう
　な習慣が出来上がっているので、マネタイズの部分、見せ方であるとかを工
　夫していかなければならない。僕らがどうしても工夫していかなければなら
　ないところだ。

―今、YouTubeの世界を丹念に見ていると、既存のメディアのコンテンツも吸
　収しながら、なかなか面白いシーンを作っている。ネット草創期には想像も
　しなかった方向に向かっている。どこで誰がお金を儲けているかよく分から
　ないが、情報発信に自ら参加する人がめちゃくちゃ多い点には注目すべきだ
　ろう。「YouTuber」なんて言葉が発明され、子どもでも使うようになった。
　怪しげな陰謀論から既存のメディアのコピー、専門的な知見に裏付けられた
　情報等、多岐にわたる情報世界が広がっている。もちろんいろんな問題があ
　るが、見ている限り面白い。

大石：まあまあ面白い。違法なコンテンツもある。興味を引き付けるために、
　犯罪行為すれすれというのもある。そこをどう考えるかという問題は残る。

今は個人メディアという点では百花繚乱的なところも当然あるだろうが、YouTube がずっと続くというわけでもないような気がする。僕らも、地域からの信頼であるとか、そういうことが絶対的な武器でもあるので、同じ土俵で戦う必要は必ずしもない。僕らのきちんとしたコアな部分を、きちんとビジネスにつなげていくことが大事ではないか。そこはあまり気にしてもしょうがない。

―ローカルだからなのか、ローカルに限らず起きることなのかはおくとして、インターネットが生まれてほぼ20年。こんなに危ないものになるとは予想していなかった。ネット草創期に考えたのは、もっと安心してかかわれる世界だったはずだ。

大石：メディアリテラシーの問題がある。わたしたちは正義ですと自ら言う、そんないい人はなかなかいないので、ユーザーに判断してもらうしかない。その判断材料の一つになるのがブランド力だ。そういう意味でメディアリテラシーという言葉は非常に大事で、今の教育においては、そのあたりをきちんとしていかなければならない。

―昔から新聞社の中で議論すると、われわれはかくあるべきだ、われわれは民主主義の担い手だなんてことを、日頃は話題にしたことさえないのに、突然言い出したりする。

大石：それも間違いではないんだけれども、大事なのはそこにお客様が不在でいいのかということだ。僕らが言う「ユーザーファースト」は、お客様が望むとおりにしろということではない。お客様に価値のあるものを提供しようということだ。なんでも望まれたとおりにするということではない。だから「情報を寄こせ」と言われたら、そのとおり出すのかというと、それは違う。僕らの会社の立ち位置があって、その立ち位置の中で、お客様に価値あるものを提供するということだ。

　昔からよく言うたとえで、日産スカイラインという車を、お金のある高級なスポーツカーに乗りたいと思っている若者向けに発売する。でも実際買っているのは、50代、60代の人だったりする。そういう人たちは、当然お金はある。もう一つ、気分的には若い。外見、見た目じゃなくて。そういう人たちがお客様になる。気分としては若いわけだから、コンセプトには合う。僕

らが、お客様はこうだと厳密に規定する必要もない。

—ユーザーファーストは、奥が深い？

大石：深いと思う。ただ一言で表せと言われたら、お客様に提供するだけの価
値のあるものを提供するということになる。「地元のことが好きで、地元の
ことをよく考えているけれど、もう一つ行動に踏み込めないでいる人たち」
が、僕らが考えるメーンのお客様だ。その人たちにとって価値のある情報と
は？そのまちで暮らしていくうえで、そのまちを少しでもよくしていくため
に彼らが求める情報とは？　とつながってくる。そうするとおのずといろん
なことがある程度見えてくる。

—議論の経緯がオープンな報告書の中に表れているという新しさ。オープンに
すれば、いろいろな反応があり、ひょっとしたらボカボカと殴られることも
あるだろう。そこでもまれていくことにもなるだろう。自分たちの議論を、
自分たちの内部に閉じ込めるのではなく、あえて荒野に放り出すような…。
それはまたユーザー本位とか、お客様第一とか、目標を設定する際の最低限
必要なアンテナの張り方なんだろうなと思う。頭の中で編集局の幹部がいく
ら議論して、新聞はかくあるべきだということを言っても、なかなか世の中
がついてこないのは、そういうところに問題があるからだ。人の採用の面で
も、そういう観点で広く人材を求める必要がある。
　　ローカルを基盤として仕事をしていく新聞社にとって必要な考え方だ。ロ
ーカルと言っても、今の世の中、グローバリズムの世界でもまれていく必要
がある。ローカルに満足して長い間、生きていくと、すごくローカルな人間
に育ってしまう可能性がある。だからこそ、そこから出てくる情報サービス
も、ある種ローカルにとじこもらないセンスが必要になる。

大石：だから僕はここ数年、「リベラルアーツ」[*3]という言い方をしている。自分
たちでもっと知識を入れる努力が必要だ。それを意識してほしい。本を読む、
美術を鑑賞する、なんでもいい。街中に出て移りゆくまちを見詰めるとか…。
知識欲を持ってくれと。そのために一番大事なのは「リベラルアーツ」ではな
いかと言い続けている。それがないと自分たちの価値判断がどんどん狭くな
ってくる。

以上、大石社長へのインタビュー。

「静岡新聞社イノベーションリポート」が示している形を表面的になぞるのではなく、事、「そこ」に至り、多くの山川を乗り越えてきたプロセスに注目する必要がある。形を真似て何とかなるものではない。時間も必要だ。インターネットやデジタル技術の発展に対して、「食わず嫌い」や頑ななまでの「新聞本位」から脱却することを、経営トップがまず決断しなければ何も始まらない。それと忘れてはならないのが、「気持ちは分かるけど、自社の報道を本当に読んでいるのだろうか」と冷やかしたくもなる編集諸君の空間識失調ぶりだ。一体、編集現場を預かるトップのみなさんは、インターネットやデジタルの環境の下で、どんな報道、いかなるジャーナリズムを目指そうとしているのか。あらためて問いたい。

4 ローカルメディアの手掛かりはどこに？

イメージは「メディア・ビオトープ」

インターネットやデジタル技術の発展に向き合う覚悟が地方新聞社に欠けている点については、拙著『仙台発ローカルメディア最前線　元地方記者が伝えるインターネットの未来』[*4]に書いてあるのでぜひご覧いただきたい。そこでは東京大学大学院情報学環・学際情報学府教授の水越伸さんの著書『メディア・ビオトープ論　メディアの生態系をデザインする』[*5]の議論を借りて、メディア世界を従来までのマスメディアシャワー型ではなく人間中心に見直すところから、新しい地域メディアネットワークの可能性を模索している。

著書の中で水越さんは、「これまでのメディア論は、マスメディアばかりに焦点を当ててきた。日本であれば、東京の巨大なマスメディアばかりだった」と前置きしながら、「国家より小さな社会空間、コミュニティや、国家を越えた社会空間に対応したメディアの検討はなおざりにされてきた。ケーブルテレビやウェブサイトなどに、大手メディア出身のオジサンが天下りしてもろくな事業にならないのは、彼らにマスメディア中心のメディア観しかないからである。

僕たちはマスメディア中心ではなく、もっと小さな規模の、地域やコミュニティに根差したメディアを考えていく視座を持つべきなのだ」と書いている。

　水越さんが言う「ビオトープ」とは、簡単に言えば多様な生物が多様な形で生息できるような環境のこと。マグロビジネスを支える海があれば、家の近くの小川や池などでメダカもとれる。ゆったりした環境空間の中で多様なメディアが育まれ、さまざまな経験に裏打ちされた知見、情報、感情表現が映像や文章を通じて流通消費される。マスで流通消費され、世論に一定の影響を与えるデータと、個人的な興味関心に基づき取得されるデータの間に本質的な違いのないメディア世界だ。

地方新聞社ならではの資源

　個人的な実感、思いを正直に言ってしまえば、地方新聞社は持っているものが全国紙とは異なる。ローカルに根をおろし、100年以上の歴史を積み重ねてきたのが地方新聞社。人脈もそれぞれにあるはずなのに、今のような大きな曲がり角に来た時に、朝日、日経は何をやっているか、共同通信は何をやってくれるの？というように、他の事例を追いかけるのは筋違いだ。他の事例を追いかけることで自分の仕事が終わった気になること自体、その段階で自分は劣っているという位置づけになっている。永遠に追いつかない。

　ローカルとひと口に言っても、地方新聞社の数だけの環境がある。相当の力を持った企業コンサルティングでも、全ての地方紙の共通するモデルなど提示できるわけがない。デジタル社会への適合を目標として、ある地方新聞社の問題を本当に解決するとしたら、おそらく外部の力に依存するだけでは通用しない。だからこそ自分ごと化しながら進む静岡新聞社の事例が貴重なのだ。

　新聞というメディアがとにかく好きで、懐かしくて、魅力的で刺激に満ちた新聞づくりに夢中になりたいだけならば、給料が安くても頑張れる新聞大好き人間を同志として募ればいい。最近はやりの「働き方改革」も後押ししてくれるだろう。

　だが、それでは技術やサービスが急激に変化し、ライフスタイルや価値観が猛烈な勢いで多様化するデジタル社会には、メディアとして適応できない。新聞事業の今後の推移に応じてどこかの時点で、新しいメディアサービスに移行する想定を何段階にもわたって置く必要がある。

楽しみなことにその想定自体は、それぞれの地方新聞社が置かれている環境によって異なるデザインとなる。新しい時代の軸となるべき地方メディアを生み出す条件は、それぞれの新聞社の歴史的な背景や文化的な立ち位置、インターネットとデジタル技術が可能にした新しい環境との縁の結び方に立脚することになるはずだ。おそらく多様なネットサービスを柱として、その新聞社の総力を挙げた「メディアプラットホーム」が想定される。インターネットやデジタル環境の中にあっては、各新聞社が置かれた状況そのものが唯一と言っていい武器であり、財産なのだ。

古民家再生とローカルメディア

　古民家をホテルに再生する事業に全国各地で取り組んでいる株式会社NOTE代表取締役の藤原岳史さんは、「地方新聞社の記者は全員がYouTuberになるつもりで、自分の活動を思い切り広げてはどうか」とすすめている。
　現在の仕事を始める前に藤原さんは、地方新聞社の事業開発を手掛けたキャリアを有する。地方新聞社がいろいろな事情で一歩踏み出せないでいる事情を皮膚感覚でとらえながらも、地域密着型で報道事業に携わることの意義をなによりも重視している。藤原さんが取り組んでいる古民家再生事業も、大きな投資で利益を確保するタイプのデベロッパーではなく、地元の人たちと共同で事業を推進する組織を立ち上げるスタイルをとっている。
　「古民家を再生してホテルにすると、ひと口に言っても、その地域の歴史や文化が異なるし、参加する人たちの思いや習慣も全て異なる。古民家再生の手法を、われわれが一方的に提供するのではなく、地元の人々と一緒の乗り物『ビークル』をつくって、意見を出し合うことから始める」
　藤原さんが「地元の人々とともに」と考える理由は、多岐にわたる。たとえば、日本の人口は今後どんどん減少することを、いつもマイナス面ととらえがちだが、地域おこしやまちづくりの観点では「人口減をマイナスとしてとらえるのではなく、人口をどう減らすかの競争が始まっていると考えた方がいい」という認識だ。そのためには地元の心ある人たちが乗り組むことのできるビークルをしっかりつくって、意見を交わし、アイデアを育てる必要がある。
　藤原さんによると、地方新聞社の強みは以下のように整理される。

・地域からの信頼性。誰もが知っている

・100年以上前からある実績

・記者が足を運んで情報を集める

・集めた情報を編集できる

・毎日、各地へ情報（新聞紙）を届ける流通インフラがある

　一方、インターネットを基盤にソーシャルメディアが発達し、人々が使う端末としてスマートフォンが普及、情報流通プロセスの大激変が予想される５Ｇ社会への進展、あらゆる業種分野で試行錯誤が続くDX（digital transformation）の波を背景に、ユーザーが求める情報がどんどん変わることが予想される。そんな中で地域に由来するメディアの一つである地方新聞社は、どんな道をたどるべきなのか？

　「新聞社によるYouTuber的な情報発信があってもいいのでは？　現実にあったことを報道するだけでなく、多くのYouTuberのように自分も一度やってみて、その結果を含めて発信する分野をぜひ開拓してほしい。記者全員がYouTuberになり、編集部は映像編集機能を生かしながら地域とのコミュニケーションを増やす努力を続ける。そんな地域メディアに期待したい」

　「その為にはローカルメディアが地方の資源に光を当てて、発信する価値や意義はとても大きいです。例えば… 記者チューバーが、震災時に子供だった子に改めて取材し、映像つきで取材〜発信する。当時、海外の国から送ってもらった物資で助かった〜、今は大学に通っています…的な一見ローカルに見える情報は、必ず海を越えて、その国々の方に届くと思います。それを見た海外の国民に『よかった』と思ってもらえるかもしれません。それがやがて、国際問題や世界平和につながると思います。そんなローカルメディアは、現在のネットに流れるフェイクニュースを吹き飛ばすぐらいの力を持つメディアと言えるかもしれません。ローカルメディアがグランドメディアになるのかもしれません」

　藤原さんの「記者YouTuberのすすめ」は、かつてツイッターやフェイスブックが登場した際に、特に新聞社の記者や編集者ほど、新しい技術やサービスが苦手だったこと－いつか来た道－を思い出させるが、YouTubeのような動画共有サイトの世界的な広がりと深化が著しい中では、いわゆる「ローカル」価値をあらためて見直し、編集・提案するパワーを身に着けることで、まったく

新しいビジネスモデルや社会貢献のプログラムに近づける可能性がある。

　藤原さんのNOTEが提案する、「ローカル」と「グローバル」の関係に注目したい。「NOTEでは『ローカル』と『グローバル』の二つの世界を想定し、ローカルは日本の地方（地域）に多く存在し、グローバルは主に都市部（東京）に多く存在すると考えている」

　ここでは「グローバル＝世界」ではなく、「都市部（東京）」を想定している点に注目したい。地域に由来するメディアにかかわった経験のある人なら、「インターネット」が日本に登場して以来、いわゆる「グローバル」価値に直結する可能性をやたら大きく感じた記憶はないだろうか。その割に自分たちの得意なローカル価値を、グルーバルにリーチさせるセンスや方法論を見つけられず右往左往したのではないか。その場面では、自らが発信すべきニュースコンテンツを英語にするだけで負荷を感じたものだ。「都市部（東京）」を「ローカル」からの「出口」、あるいは「入口」と位置付け、「二つの世界を行き来する」（藤原さん）発想をあらためて大事にしたい。

（佐藤　和文）

＊1　寺島英弥『被災地のジャーナリズム－東日本大震災10年 "寄り添う" の意味を求めて』明石書店、2021年
＊2　「DX（digital transformation）」とは、ＩＴの浸透・普及によってビジネスや生活の質が高まるという考え方。
＊3　「リベラルアーツ」とは、ある時代に「自由人」として生きるための学問。人間を自由にするための技芸を意味し、ギリシャ・ローマ時代の「自由７科」（文法、修辞、弁証、算術、幾何、音楽、天文学）に起源を有する。
＊4　佐藤和文『仙台発ローカルメディア最前線　元地方記者が伝えるインターネットの未来』金風舎、2019年
＊5　水越伸『メディア・ビオトープ論　メディアの生態系をデザインする』紀伊國屋書店、2005年

CATVはどこへ向かうのか

業界再編が進む中で地域密着志向の独立系CATV局の目指すもの

はじめに

　CATVの加入世帯数はこれまで日本の総世帯数の増加に伴って伸びてきたが、今後、多くの地方では人口減少が進み、また競合する事業者は以前のように衛星放送の「スカパー！」だけでなく、ネットのOTTサービス[*1]がCATVの多チャンネル放送の視聴者を奪うようになった。

　そんな中、大手の統合運営会社（MSO）の傘下にない志を持った地方の独立系CATV局では、地域に密着して地域の情報を伝える自主制作番組を放送するコミュニティチャンネルに力を入れることで、自らを差別化することに取り組んでおり、実際、そのようなコミュニティチャンネルは防災や地域づくりにおいて様々な形で寄与している。またCATV局がコミュニティチャンネルを運営することの意味は、映像を通して地域の様々な情報を伝えるだけでなく、地域の記録をアーカイブして後世に残すという他のメディアにない独自の役割も期待されている。

　ただ、これからの時代、独立系CATV局が単にコミュニティチャンネルに力を入れるだけでは生き残ることは難しく、その情報インフラや人材を活用した地域で暮らす人向けの生活サポートサービスを企画して展開することが必要になろう。また、県域レベルでの他局との提携や、さらに可能ならインバウンドの促進や地域の企業の海外でのプロモーションに絡めて、海外の放送局との交流を通して地域が海外と直につながることによる新たなビジネスの模索等も考えられる。

　そして、地方の独立系CATV局は、大手MSOと同様のインフラに依拠した

通信事業が、これからの５Ｇの時代に成立しなくなる可能性を踏まえ、地域発のコンテンツを地域の内外に配信する事業を核にした将来像を構想していくことも重要である。

　この章では今日、CATV業界が大きな岐路に立つ中、将来に向けた独立系CATV局の取り組みについて、いくつかの局の事例をもとに見ていきたい。

1 CATV局による自主放送

地域の情報を伝えるコミュニティチャンネル

　総務省の調査によると、2020年（令和２年）３月末現在、市区町村を放送エリアとするCATV局の自主放送（コミュニティチャンネルでの放送）の加入世帯数は2855万世帯で、全国の約半分の世帯がコミュニティチャンネルを通して地域の番組を視聴できる環境にある。地域によっては県域の放送局で地元の情報が流れることがほとんどないところもあり、そこではコミュニティFM局とともにCATV局のコミュニティチャンネルが、地域に密着した情報を伝える貴重なメディアとなっている。そうした事例として、熊本県天草市の天草ケーブルネットワークを紹介したい。

　天草ケーブルネットワークは、2006年（平成18年）３月に天草の２市８町が合併して天草市が誕生する前の旧本渡市で、当時の天草本渡青年会議所のメンバーが中心となって1992年（平成４年）７月に設立され、２年後の1994年（平成６年）６月に開局した。当時はネットが普及しておらず、また県域局で放送される県内の番組の多くが県庁所在地の熊本市を中心としたもので、天草の情報が流れることは少なく、そうした地域間情報格差を解消し、地域の情報を地域に伝える役割がCATVに期待された。

　そのため行政色を出さないで多くの地域の企業や市民が支えるCATV局を目指し、資本金３億5000万円で熊本県、天草市を含む110の自治体、企業、個人を株主とした第三セクターの局として誕生したが、この内、行政の出資は熊本県が100万円、旧本渡市（現天草市）が200万円で、併せて１％に満たない。

　旧本渡市でスタートした後、現在、サービスエリアを天草市、上天草市内の

主要地域に拡げている。2019年（令和元年）5月時点で、コミュニティチャンネルの視聴が可能な契約世帯は7000世帯余りで、他にケーブル回線が入っている集合住宅でコミュニティチャンネル視聴可能世帯が3000世帯余りある。ただ、天草では近年、過疎化が進んで人口が毎年1000人以上減少しており、それにともなう加入世帯の解約も少なからずあって、それをサービスエリアの拡大による新規契約世帯の獲得でカバーしている状況である。

天草ケーブルネットワークメディア事業部部長の芥川琢哉によると、「CATVの加入世帯の中心は、今日の若者をターゲットにした編成の地上波では観る番組が少なく、時代劇や演歌・歌謡曲等の専門チャンネルを観たい高齢者世帯と、あとコミュニティチャンネルで放送する学校の行事で、子供が紹介されるのを楽しみに観ているファミリー世帯」という。

天草ケーブルネットワークの2018年度（平成30年度）の売上げは6億3600万円弱で、兼営のコミュニティFM事業を別にすると、大半を加入世帯からの利用料、あるいは新規加入手数料で占め、他に一部、CM収入、太陽光発電事業による収入等がある。以前は広告を付けた番組ガイドを毎月発行し、放送エリア内の全世帯に宣伝も兼ねて配布していたが、費用対効果が見合わないので2018年（平成30年）7月で終了した。

コミュニティチャンネルで自治体の番組を放送する費用は、天草市からは市長が出演する番組のみ制作費を受け取り、他の行政情報（市役所からのお知らせ）や議会中継は無償で放送している。天草市の議会中継はもともと市が独自に市のサイトで配信していたものを、ネットにアクセスできない加入者からの要望もあって、天草ケーブルネットワークが映像を貰って放送するようになったいきさつがある。

一方、上天草市では、市の出先機関を繋ぐイントラネット網を天草ケーブルネットワークの回線を使って構築したいきさつもあり、議会中継は天草ケーブルネットワークの方で制作費を得て放送している。

天草ケーブルネットワークは1994年（平成6年）の開局時、実質5名（内、自主放送番組の制作スタッフ2名）でスタートしたが、現在、社員スタッフに、パートやバイトの市民キャスター、市民パーソナリティを加えて、60名程のスタッフを抱える。開局時は制作スタッフ2名とも番組制作経験がなく、まったくの手探り状態でコミュニティチャンネルでの自主放送番組制作がスタートしたが、現在ではビデオジャーナリスト方式による映像ニュース取材と朝夕の情報番組

の中での放送等、少ないスタッフでコミュニティチャンネル2チャンネル分の番組を編成して放送する仕組みが確立している。

　コミュニティチャンネルの名称は「あーぶるチャンネル①」と「あーぶるチャンネル②」で、「あーぶるチャンネル①」が主に地域情報番組を放送し、「あーぶるチャンネル②」が主に行政情報番組を放送している。行政情報番組の内、天草市の市長が出演する番組は、天草市の広報紙をもとに市長自らその内容を紹介するもので、他に天草市、上天草市、熊本県天草広域本部の職員が出演して、行政情報を伝える番組もある。

　「あーぶるチャンネル①」では、平日の朝7時からコミュニティFMの「みつばちラジオ」と同時放送で、当日の天気や交通情報等の地域情報を伝える番組や、午前、午後、夜、深夜に1日4回、「あまくさタイム」、または「上天草タイム」という天草で開催される学校の行事を含む様々なイベントを伝える番組を放送している。ただ、「サービスエリア内にある小中高校の入学式、運動会、卒業式等の行事、そして各地区の祭や運動会等の行事が取材対象となるが、日程が重なることが多く、取材依頼されても限られたスタッフで全てをカバーすることは難しい」(芥川) 状態である。

天草ケーブルネットワークのスタジオ

　他にも地元の市民が制作する番組として、天草ビデオクラブのメンバーの作品を放送する「天草ビデオクラブアワー」、天草のニュースを天草在住の外国人に伝える番組として、「あまくさ日々の話題」というニュース番組を天草の学校に来ている外国語指導助手が英語に翻訳して読み上げる「ウィークリーあまくさ」といった番組を放送している。

　また、天草ケーブルネットワークは、他の全国各地の13のCATV局とともにTDN地方創生プロジェクトというテレビショッピングの共同事業に参加し、各地域の特産品を販売するテレビショッピング番組をそれぞれの局で相互に放

送し、視聴者からの注文を受け付けるコールセンターを共同で運営する取り組みにも参加している。

　このように天草ケーブルネットワークが地域に密着したコミュニティチャンネルの放送に力を入れる背景として、開局当初から地域の情報を地域に伝える役割を担っていくことと併せ、もう1つ局の理念として、災害時に役立つ放送局を目指していることがある。そして、災害時にコミュニティチャンネルの放送が有効に機能するためには、コミュニティチャンネルの存在が地元市民から認知され、日常的に視聴されていることが必要である。そのため天草ケーブルネットワークでは、コミュニティチャンネルの番組への市民参加に力を入れている。

コミュニティチャンネルの運営委託

　天草ケーブルネットワークのコミュニティチャンネル運営は、地域密着に力を入れている地方の独立系CATV局の自主放送として一般的なスタイルだが、小規模な局では自社で制作スタッフを抱えてコミュニティチャンネルを運営する力がなく、制作を外部に委託しているケースもある。

　福島県伊達市の伊達市ケーブルテレビは、コミュニティチャンネル「TVDテレビだて」の運営を、県域局のテレビュー福島系列の番組制作会社のMTS＆プランニングに委託しているが、それによって東日本大震災での福島原発事故の際は、様々な震災関連情報や生活関連情報のリアルタイム配信を行うことができた。

　また、福岡県東峰村の東峰テレビは、住民ディレクター[*2]による地域づくり支援事業を行っている元熊本県民テレビ（KKT）のディレクターだった岸本晃に委託して、コミュニティチャンネルの運営を行っている。

　東峰村は、大分県日田市と隣接する県境の人口2000人弱の小さな村で、岸本は2006年（平成18年）から通って不定期に住民ディレクター養成講座を開講していたが、2010年（平成22年）に村内に光ケーブルが敷設された際、村営のCATV局を開局することになった。その際に東峰村では当初、予算がないため文字放送のみの自主放送を想定していたが、岸本の方で東峰村に移り住んで、局の運営を全面的に支援することを約束し、同年11月に住民ディレクターによる東峰テレビがスタートすることとなった。

初年度は総務省の補助金が活用できたが、2年目からは岸本が他所で稼いで、東峰テレビの番組制作支援を持ち出しで行うような状況になった。だがその後、地元出身者が東峰テレビの専従スタッフとして雇用され、また最近では地域おこし協力隊員が局のスタッフとして加わって、局の運営体制が確立した。

　東峰テレビの開局に際して、岸本が最初に行ったのは、村内の15の集落全てを自らの足で周り、それぞれの集落で暮らす人たちと関係を構築しつつ、集落の祭り等の伝統行事を映像で記録し、CATVの番組にして放送することだった。これによって個々の集落の行事が初めて他の集落の人に可視化されたことで、多くの村民がそれまで隣の集落も同じと思っていた祭り等の行事が、実際は集落ごとに細かい違いがあることに気付き、東峰テレビを通して自分たちの暮らす地域に関心を持つようになり、東峰テレビの番組をほとんどの村民が観るようになった。

　また、2017年（平成29年）7月の九州北部豪雨の際、東峰村は大きな被害を受けたが、高台にあった東峰テレビの局舎は無事で、翌日から岸本はビデオカメラを持って村内を歩き回り、村内の細かい被災状況を記録して伝えることに努めた。

　岸本とともに東峰テレビの放送を支えるのが、東峰村の住民ディレクターである。東峰テレビの開局時には、養成講座に参加した数名の村民が住民ディレクターとして局の立ち上げを支えた。その後は岸本が村内をまわって取材して撮る映像以外に、住民ディレクターが日常生活の中で撮った映像も持ち込まれ、それを主に岸本の方で編集し、「村民情報局」という番組の中で放送している。

　東峰村は2005年（平成17年）に小石原村と宝珠山村の2つの自治体が合併して誕生した歴史があり、東峰テレビが開局した頃は、まだ合併相手先の旧自治体エリアとそこで暮らす村民についてよく知らなかったが、東峰テレビで岸本や住民ディレクターの撮った映像が流れることで、相互に関心を持つようになり、村の一体感が育まれた。また、養成講座に参加したことのない村民も、住民ディレクターの撮った映像を観ることで関心を持ち、何かの際にビデオカメラやスマホで撮った映像を気軽に局に持ち込むようになった。

　こうした住民ディレクターの人数について岸本は、「年に何度か撮った映像を持ち込む住民ディレクターが50人くらいだが、これまで1度でも撮った映像が放送される等、何らかの形で放送に関わった村民は、子供からシニア層まで200〜250人くらいになるのではないか」という。

そして、2014年（平成26年）から東峰村を含む朝倉地域の３市町村（他に朝倉市、筑前町）と福岡県で構成する「朝倉地域広域連携プロジェクト推進会議」が主催して、朝倉市や筑前町の人たちも対象にした住民ディレクター養成講座が開催され、ここで番組制作を学んだ住民ディレクターによる地方創生をテーマに様々な話題を取り上げて語る番組「ふらっと‼ あさくら」（週刊生放送）が、2015年（平成27年）４月から２年間、ネットで配信された。これはその後、朝倉地域の広域観光情報サイト「あさくら観光かわら版」に継承され、朝倉市や筑前町の住民ディレクターの撮った映像は、こちらで配信されている。

2 大都市圏の独立系CATV局の現状

KCNグループの各局

　今日、CATV業界ではJ：COMを始めとする大手MSOによる経営統合が進んでいるが、天草や東峰村のような人口減少が進む過疎地域の小規模なCATV局は、もともと費用対効果の問題で大手MSOによる経営統合の対象にはなっていない。だが、大都市圏とその周辺では、第三セクターの局を中心にこれまで多くの局がJ：COM等の大手MSOの傘下に入ってきた。そうした中、大手MSOと提携せずに独立系のCATV局として地域に密着した放送を行っている事例として、関西の近鉄ケーブルネットワーク（KCN）を紹介したい。

　奈良県生駒市に本社のあるKCNは、奈良県北西部の24の自治体と大阪府の四條畷市を放送エリアとするCATV局である。1984年（昭和59年）６月に設立され、1988年（昭和63年）に放送開始し、2019年（令和元年）時点での加入世帯数は、CATVが19万弱、ネットが14万強となっている。主要株主は近鉄グループホールディングスで、地元自治体からの助成を受ける関係で生駒市、奈良市も出資している。

　このKCNの母体となったのは、かつて旧通産省の外郭団体であるニューメディア開発協会が、1978年（昭和53年）７月から1986年（昭和61年）３月にかけて生駒市東生駒地区の168世帯で行った世界初の光ケーブルによる高度双方向光映像情報システム（Hi-OVIS）の運用実験である。このHi-OVISの実験を活かし

て都市型CATVを事業化するため、近畿日本鉄道でニューメディア事業推進委員会を立ち上げて検討を重ね、KCNが誕生することとなった。

このKCNの関連会社として、他にこまどりケーブル、KCN京都、テレビ岸和田の３社がある。

こまどりケーブルは、奈良県東部、南部の17の自治体を放送エリアとするCATV局である。KCNが奈良県の要請を受け、地上デジタル放送の中継局の設置が困難な山間部でのそれに代わるCATVとブロードバンド・インターネットのインフラ網を、デジタルデバイド解消の補助金で整備して運用するため、奈良県や地元自治体等の出資を得て、2003年（平成15年）２月に第三セクターで設立され、同年４月に開局した。2019年（令和元年）時点での加入世帯数は、CATVが３万3000弱、ネットが１万2000強となっている。

KCN京都は、京都府の木津川市、精華町を放送エリアとするCATV局のキネットの主要株主だった都市公団から2004年（平成16年）４月に持ち株を譲り受け、同じ京都府の宇治市、城陽市を放送エリアとするKCN京都支社と、2007年（平成19年）８月に経営統合して誕生した局である。現在、京田辺市も含めて４市１町が放送エリアとなっている。2019年（令和元年）時点での加入世帯数は、CATVが２万700弱、ネットが３万強となっている。

テレビ岸和田は、大阪府岸和田市、忠岡町を放送エリアとするCATV局で、2004年（平成16年）11月にKCNとの業務提携を開始し、その後、2007年（平成19年）６月にKCNの傘下に入った。2019年（令和元年）時点での加入世帯数は、CATVが３万4000強、ネットが２万7000強となっている。

KCN事業本部放送事業部次長の矢野光一によると、「テレビ岸和田でデジタル多チャンネル放送を開始するのに際し、単独での設備投資が難しく、CATV局からデータを送出するヘッドエンドのKCNとの共有、及び

ＫＣＮの取り組みについて語る放送事業部の矢野光一次長

番組供給会社と契約するのにKCNと共同で契約した方が安価でコストダウンを図るため、業務提携が行われた」という。

　当時、業界最大手のJ：COMが大阪に進出し、多くの地元の経営体力が充分でない独立系CATV局を吸収合併した時期だが、「岸和田テレビでは、コミュニティチャンネルで毎年9月に行われる地元のだんじり祭の放送に力を入れており、その実況中継以外にも年間を通して様々なだんじり祭関係の番組が放送されているが、J：COM傘下に入ると各局の放送センターが統合されて共通番組が増え、こうした地域密着放送ができなくなることを恐れて、独自性を保つことを条件にKCNグループに入ったという背景がある」（矢野）という。

地域に密着した番組制作を目指して

　KCNグループではそれぞれの局が独自性を維持して、コミュニティチャンネルで地域に密着した番組制作に力を入れている。

　KCNでは20名弱の放送事業部のスタッフで、原則、1人1本番組を担当する形で、コミュニティチャンネル計3チャンネルの放送を行っている。この内の「KCNファミリーチャンネル」、「KCNスポーツ＆カルチャー」の2チャンネルでは、いわゆるニュース報道番組については地上波に任せて、それ以外の地域の様々な情報を伝える番組や、スポーツや文化イベントの中継番組を放送している。

　残りの1チャンネルは市民制作番組を放送する「タウンチャンネル」で、これはもともと矢野ともう1人のスタッフが中心となって企画したもので、KCNの地元の生駒市の様々な情報を、生駒市のビデオクラブのメンバーを中心に立ち上がった「いこま市民放送局」という市民の番組制作組織が取材して伝えるチャンネルとして、2008年（平成20年）5月に誕生した。当初、60代以上のシニア層を中心に15名程のメンバーでスタートしたが、なかなか新しいメンバーが増えないため、対象とするエリアを奈良県全域に拡大し、「なら県民放送局」として奈良県在住・在勤者に広く声をかけて募集するようになった。ただそれでもネットの動画共有サイトの登場で地元の若い人たちはそちらに流れ、現在、メンバーの高齢化が進んでいる。

　そうした中で矢野の方では、「なら県民放送局」のメンバー以外に、奈良県外の人も含めて広く「タウンチャンネル」の視聴者に伝えたいメッセージを番組

にして放送できる「市民投稿 みんなのビデオ」を始め、市民のトーク番組等の
コーナーを設けてきた。特に近年の新しい取り組みとして、2018年（平成30年）
４月にスタートした「ぐっと‼ 奥大和」という番組がある。これは奈良県南部
の吉野郡の各町村にいる地域おこし協力隊の隊員に声をかけ、隊員の人たちが
自分たちの活動する地域の伝えたい情報を映像にして、それをKCNのスタッ
フが手伝って番組にして放送するというものである。

　こまどりケーブルでは放送事業部を持っていないが、開局時に奈良県の方で
補助金を出す際の条件として、放送エリア内の各自治体に１チャンネル運営す
ることを義務付けたため、各自治体独自のチャンネルがある。当初は多くの自
治体では、行政のお知らせをパワポの静止画でBGMとともに流すだけだった
が、その後、地元の市民が制作する番組を放送するところもいくつか出てきた。
特にこまどりケーブルが誕生する前に、独自に農村型CATV局のあった自治
体では、過去の番組アーカイブ等も放送されている。

　テレビ岸和田では既に触れたように地域密着放送を継続するためKCNグル
ープに入ったといういきさつがあり、３つのコミュニティチャンネルでは、視
聴率50％を超えるだんじり祭の実況中継を始め、多くのだんじり祭関連番組や
地域情報番組が放送されており、また議会中継は委員会も含めて放送されてい
る。また、KCNよりも古く1989年（平成元年）に地元の市民によるテレビ岸和田
ビデオクラブが結成され、そのメンバーが企画する「ビデオめい作座」という、
視聴者が紹介したい映像作品を持ち寄ってビデオクラブのメンバーとともにト
ークするとてもユニークな市民参加番組が長年放送されている。

　それと、コミュニティチャンネルの番組ではないが、KCNが関わっている市
民による地域からの情報発信の取り組みとして、奈良県葛城市の「かつらぎて
れび」がある。これは総務省のICT街づくり推進事業として採択された「新時
代葛城クリエーション推進事業」の中核事業となるもので、KCNが協力して市
民情報特派員を育成し、この市民情報特派員が災害時においては市民目線で市
民の生活に必要な災害関連情報を、また平時には地域の人や出来事といった地
域情報を伝えることで、映像を活用して地域コミュニティを活性化し、自助・
共助の街づくりを推進しようとする取り組みである。

　葛城市役所の中にスタジオがあり、撮影・編集機材は市民情報特派員に貸し
出しており、市民情報特派員がレポーター兼カメラマンとして取材して制作し
た映像を、月に１回程度、スタジオに持ち寄って上映しながらトークし、それ

をYouTubeで配信している。特徴的なのは中心となって活動している市民情報特派員の多くが民生委員のため、市役所の職員にも顔が利き、地域で暮らす個々の市民のこともよく知っているため、市民が本当に必要とする情報をリアルタイムに伝えることができる点である。この「かつらぎてれび」には市長も年に1、2回出演し、市民情報特派員のインタビューに答えている。

KCN グループの今後の課題

　KCN グループでは、各局とも契約世帯数は開局から右肩上がりで伸びてきたものの、近年ではほぼ頭打ちの微増状態である。特に、ネットでOTTサービスが普及してトラフィックが拡大する中、CATV局側では放送よりも売上げの大きいネットのサービス向上に向け、回線の増強（さらに将来的には地域BWAの整備）といったインフラ投資を迫られている。一方、そうしたOTTサービスの普及が、CATV局の多チャンネルサービスと競合し、ネットやIP電話の契約世帯数は増えても、多チャンネルサービスの契約世帯数は減少に転じている。

　「地域に密着した放送を行っているコミュニティチャンネルは比較的観られているが、ネットの利用拡大と多チャンネルサービスの減少によって、契約世帯のテレビ離れは進んでおり、ただ放送エリア内ではモバイルWi-Fiしか契約しないような単身学生世帯がほとんどなく、また法人向け専用線サービスが伸びているので、売上自体はまだ減少に転じていない」（矢野）という。

　けれども今後、放送エリア内での人口減少が進むことが予想される中、KCNでは従来競合関係にあった通信事業者とも提携し、契約世帯数の維持に努めている。もともとこまどりケーブルのエリアでは、携帯の基地局向けに局の光回線を通信事業者に貸すといった提携をしていたが、KCNでもCATV局側の回線を通信事業者が使ってサービスを提供し、それと併せて携帯電話のセット割引を行うような形で、通信事業者との協業を行っている。

　また、KCNグループの放送エリア内では高齢化が進み、今でもフューチャーホンしか使いこなせない高齢者が多いが、そうした高齢者を対象に支店では、CATV加入者が無料で参加できるパソコン講座、スマホ講座を開催している。通常の民間の講座だと、一律のカリキュラムで教えているが、「KCNの講座では分からないことのみ個別指導するため高齢者の人気が高く、CATV加入者が契約を継続するインセンティブとなっている」（矢野）という。

他に高齢者を対象にしたサービスとしてKDDIと提携して提供しているのが、生活あんしんサービス「おうちプラン」である。これは加入者向けの定額の有償サービスで、水漏れ、鍵の紛失、電気・ガス等のトラブルに、24時間対応するものである。また、長期契約世帯に対しては、KCNが独自に有料チャンネルを期間限定で無料にするサービス以外に、営業担当スタッフが粗大ゴミの破棄、蛍光灯の交換、家具の移動、窓ふきや庭の草むしりまで、困っていることの相談を受けて可能な範囲で手伝うサービスを行っている。

　かつて、Hi-OVISの運用実験が行われたニューメディアの時代には、双方向性を利用した様々な生活サポートが模索されたものの、その後、ネットの普及もあってCATVは多チャンネル・サービスを志向したものの多機能サービスはネットに任せて志向しなかった。だが、「CATV事業者は地域の情報インフラとして改めて原点に戻って、今後、災害への対応だけでなく、地域で暮らす人々の日々の暮らしの安心安全面でのサポート面に力を入れる必要があるのではないか」と矢野は語る。

　今日、CATV同様にローカルなメディアである地方紙も、地域に根差した新聞販売店網を活用して、見守りサービスを始めとする様々な地域向けサービスを展開しようとしている。ただ、新聞販売店網のような組織を持たないCATVの場合、どこか他所と提携しない限り独自に採算に合うビジネスとして展開するのは難しく、KDDIとの提携による生活あんしんサービス「おうちプラン」を除くと、一部で実験的に行っている段階である。こまどりケーブルでは、放送エリア内の自治体と介護支援サービスのようなことができないか相談しているが、これもまだ検討段階である。

　ただ、CATV局の情報インフラやその人材を活用した地域向けサービスについては、まだ充分に検討を尽くしたわけではなく、今後、CATV局が地域メディアとして地域で存続していく上で、重要なポイントになろう。

3 開局から半世紀を迎えた老舗CATV局の現状

世帯加入率9割以上のLCV

KCNグループは大都市圏の独立系CATV局だが、ネット（特にOTTサービス）の普及にともなう多チャンネルサービスの減少等、契約世帯のテレビ離れが進んでいるが、放送エリア内での人口減少が深刻な地方で、今、独立系CATV局はどのような状況にあるのだろうか。ここでは長野県諏訪市に本社のあるエルシービイ（LCV）について見ていきたい。

LCVは、諏訪市、岡谷市、茅野市、下諏訪町、富士見町、辰野町、原村の県内7市町村、及び塩尻市、立科町、山梨県北斗市の一部を放送エリアとするCATV局である。放送エリア内の約10万世帯の内、約9万世帯余りが加入しており、世帯加入率は9割を超える。

LCVは全国のCATV局の中でも歴史が古く、半世紀近く前の1971年（昭和46年）にレイクシティケーブルビジョンとして設立された。開局当初は県内に地上波のテレビ局が信越放送（TBS系列）、長野放送（フジテレビ系列）の2局しかなかったため、東京の他のキー局の放送も含めた再送信を行っていたが、1978年（昭和53年）に加入世帯が1万世帯に達した。

LCVの放送制作部部長兼企画広告課課長の佐久章展によると、「1979年（昭和54年）に自主放送を開始し、翌1980年（昭和55年）に諏訪地方で6年に1度行われる最大の行事である御柱祭の中継を行ったところ、加入者が急増し、その後も御柱祭の度に加入者が大幅に伸びて、2004年（平成16年）の御柱祭を中継した際に、ほぼ現在の加入率に達した」という。他に「御柱祭の中継以外にも、自主放送を通して日常的に地域の人を数多く紹介してきたことで、地元でLCVのコミュニティチャンネルが地上波のチャンネル同様に視聴されるようになり、誰もが局の存在を知るようになった」（佐久）ことも、9割を超える加入率につながっている。

LCVでは2006年（平成18年）の豪雨による土砂災害をきっかけに、エリア内8市町村と災害協定を締結するとともに、大規模災害時におけるラジオの重要性に注目して、翌2007年（平成19年）にコミュニティFM局「エルシービイFM769^{*3}」

を開局し、制作部でテレビとラジオ双方の番組を制作することとなった。放送エリアは、諏訪市、岡谷市、茅野市、下諏訪町、富士見町、原村の6市町村で、エリア内人口は20万人程である。

LCVでは1993年（平成5年）に岡山県倉敷市の倉敷ケーブルテレビの経営権を取得して子会社にしたが、2008年（平成20年）には自らがビッグ東海（現在、TOKAIコミュニケーションズ）の傘下に入り、TOKAIケーブルネットワーク等と同じグループ会社となった。

ただし、J：COMのようなMSOと異なって各CATV局の独立性は維持されていて、「スケールメリットを活かして番組供給事業者（プログラムサプライヤー）と契約する際に、単体の局よりも安くなるようグループで交渉するが、コミュニティチャンネルの番組の制作や編成については、地域性が異なるため独自に行っており、グループ間では生中継の際に機材や人材の貸し借りをしたり、また一部の番組を相互に提供したりするくらい」（佐久）である。

コミュニティチャンネルの重視

LCVでは年間の売上げが約40数億円で、その内の約1億円をCATVとコミュニティFMの放送関連の収入で稼いでいる。内訳は約6割がスポンサーからの広告収入、約2割が番組の外販収入、残りの約2割が地元企業からの映像制作の受注を始めとするその他の収入である。

「ナショナルスポンサーからのCMはほとんどなく、地元の中小の事業者からのCMが中心となっているが、ただ近年ではそうした事業者の広告費が放送からネットに流れる傾向にあるため、CM以外の収入の比率が増える傾向にある」（佐久）

LCVの放送制作部は、毎日、夕方17時から生放送で行うニュース番組の取材・編集・アナウンスを担当する部門、その他のスポーツ・音楽イベント・様々な地域情報等を扱うレギュラー番組や特別番組を担当する部門、コミュニティFMの放送を担当する部門、企画広告を映像も含めて担当する部門の4つに大きく分かれ、全体で30数名のスタッフがいて、多くが正社員である。「CATVでは少人数で番組を制作するため、1人の人間がディレクターとして番組の企画から、取材、編集、出演まで全て行い、また、大規模災害時に対応できるよう、テレビの報道スタッフも月に何度かラジオの放送に参加する等、なんでも

柔軟にこなせる体制にしている」(佐久)という。

「放送制作部のスタッフの大半が、地元を中心とした長野県内出身者で、放送系の専門学校で学んだ、あるいは東京で放送関係の仕事をしてからUターンして入社した社員も中にはいるが、ほとんどが未経験者として入社して仕事を覚えた」(佐久)

LCVが制作する番組の内、毎日のニュース番組は、10名程のスタッフが担当エリアとテーマを決めて、小型カメラを持って映像記者として1人で取材に出かけるが、必要に応じて他のスタッフがカメラマンとして撮影を手伝うこともある。放送エリア内の記者クラブには全て参加し、また事件・事故の報道も行うため、警察・消防から必要な情報を得ている。

他に10名程のスタッフがそれぞれディレクターとして担当するレギュラー番組が週に10本程あり、ディレクターを中心に(必要に応じて社外のレポーターも含めて)2、3名のクルーで、30分から2時間くらいの番組を制作している。またそれとは別に月に10本くらいの実況中継等の特別番組があり、「こちらは業務バランスの中でできそうな人を中心に希望者を募ってチームをつくって担当している」(佐久)という。

夏の高校野球のような大きなイベントは、県域局の長野朝日放送と県内のCATV局が協力して中継し、それぞれで放送している。また、全国的に屈指の規模を誇る夏の諏訪湖の花火大会の時は、放送制作部のスタッフ総動員で中継し、全国の局にその映像を販売している。

LCVでは地域に密着した放送に力を入れており、これまで地元の市民をゲ

ＬＣＶのスタジオ

ストに招いてのトーク番組やクイズ番組等の市民参加番組を数多く放送してきた。また、「地元の高齢者と子供の露出に重点を置き、番組を通して視聴者が家族のコミュニケーションを育むことを目指している」(佐久)という。こうした取り組みを長年にわたって地道に続ける中、コミュニティチャンネルが多くの

地元の市民に視聴されるようになり、LCVのブランドが地域で定着するようになっていった。

LCV の今後の課題

　2019年（令和元年）時点で、LCVのCATVの加入世帯が約9万世帯、ネット接続サービスの加入世帯が2万7000世帯となっている。放送エリア内で加入率が9割を超えるまでになったのは、地元のほとんどの人が関わる御柱祭の中継によるところが大きく、加入者はNHKよりもコミュニティチャンネルで御柱祭の中継を観るため、その接触率は100％になる。

　だが、近年では若い世代を中心にテレビからネットへのシフトが進む中、コミュニティチャンネルの広告収入は右肩下がりとなり、特に、多チャンネル契約世帯が減少している。また、これまでLCVでは、CATV、ネット接続、電話のサービスのセット販売をしてきたため、地域のネット接続の契約世帯の半分以上がLCVを利用してきたが、NTTやKDDI、中部電力系の中部テレコミュニケーションとの競争にさらされ、乗り換えるケースも増えている。

　ただ、「多チャンネルやネットの契約世帯は減少しても、コミュニティチャンネルと長野県内に系列局のないテレビ東京の区域外再放送を視聴するため、CATVの加入世帯は減少しておらず、今後はコミュニティチャンネルで地域に密着した自主放送番組の制作に力を入れるとともに、県内の他のCATV局と優れたコンテンツを相互に交換し合って放送することで、CATVの加入世帯向けのサービスを強化していきたい」（佐久）という。

　LCVではこれ以外にも4Kでの番組制作への対応等、他の多くのCATV局と同様の課題を抱えている。だが、地元で自主放送を開始して40年以上、地域の映像を撮り続けてきたLCVは、映像による地域の様々な情報をそこで暮らす市民に伝えるとともに地域の記録をアーカイブして後世に残すという、競合する通信事業者にはないCATV事業者ならではの役割を担っており、これからもコミュニティチャンネルに力を入れて地域の情報を伝え記録する担い手として期待されている。

4 他局とのつながりを通した事業展開の可能性

地上波民放2局の宮崎で誕生したBTV

　宮崎県都城市に本社のあるBTVは、県内では都城市とその周辺、日南市、西諸県郡高原町とその周辺、そして鹿児島県鹿児島市の一部、志布志市を放送エリアとするCATV局で、加入世帯数は6万世帯余りである。

　地上波民放局が2局しかない宮崎県で、1990年代に入って県庁所在地の宮崎市で一足先にCATV局開局に向けた動きが活発化する中、県内第二の都城市でも地元企業の霧島酒造を中心に地元自治体からの出資も得て、1996年（平成8年）に都城ケーブルテレビが設立され、翌1997年（平成9年）に放送を開始した。その後、2001年（平成13年）にビィーティーヴィーケーブルテレビと社名変更してから、日南、鹿児島、西諸、志布志と新たな開局や他局からの事業承継によって放送エリアを拡大し、設立20周年となる2016年（平成28年）にBTVに社名変更して現在に至る。

　木脇大介常務取締役によると、「放送エリア内の多くの世帯が、大都市圏のように集合住宅ではなく戸建てに住んでおり、視聴に際しては工事が必要になるが、ただ宮崎県内では放送されていない地上波系列の鹿児島県の局の番組が観れるため、都城市とその周辺では、5割近い世帯がBTVと契約しており、またコミュニティチャンネルも多くの人が視聴している」という。

　BTVの社員は、制作部、営業部、技術部、総務部併せて140名程で、この内、約30名が制作部でコミュニティチャンネルの番組制作に携わっている。制作部の日高淳部長によると、「新入社員は番組制作経験者が入社するわけではないので、最初の1年間は全員が営業部で地域に密着したCATVの仕事を理解してもらい、2年目から各部署に配属する形にしている」という。そして、制作部に配属となった社員は、OJTを通して撮影やスイッチングについて学び、また他の放送局に研修に行かせて学ばせることもある」（日高）。

　制作部の社員の内、20名程が本社に勤務し、あと日南、鹿児島、西諸、志布志の支局に、それぞれ3名が配属されている。各局では、1日5回放送される「てげじゃっどニュース」という40分間のニュース番組のニュースや特集を中

心に取材し、番組の中で各局が連携して映像を切り替えて送り出している。BTVでは市政記者クラブとともに警察からもFAXで情報の配信を受けているが、地上波放送が行う事件・事故の現場取材は行っておらず、地上波放送と差別化した地域の話題を中心に放送することに力を入れている。

　また、BTVが2018年（平成30年）に地元のコミュニティFM局のシティエフエム都城を吸収合併した関係で、制作部ではラジオ番組も制作しており、「防災面を始め様々な番組でのCATVとコミュニティFMの連動を考えるとともに、制作部の社員が映像に頼らずに情報を伝える訓練の場として、ラジオのトーク番組を活用している」（日高）という。

　あと、BTVでは、宮崎市を中心としたエリアで放送を行っている宮崎ケーブルテレビ、宮崎県北部の延岡市を中心としたエリアで放送を行っているケーブルメディアワイワイの２つのCATV局と、高校野球の県予選の中継を共同で行っているが、木脇は、「この３局が協力すれば、県内の主要な地域をカバーすることができ、それぞれが行うネット事業と合わせると、県域民放局以上の媒体価値があるので、将来的には３社で一体となった様々な事業展開を考えていきたい」と語る。

海外の放送局との交流を通して

　他のCATV局にほとんど例のないBTVの特徴として、アメリカ、ロシア、モンゴル、バヌアツ等、海外に「支局」を持ち、そこに特派員がいて現地で番組を制作して、コミュニティチャンネルで放送していることが挙げられる。

　これはBTVの本社のある都城市が、モンゴルの首都ウランバートルと1999年に友好交流都市提携をした際、BTVもウランバートルにあるUBSというテレビ局と友好交流局提携をして社員を派遣するようになったことや、BTVの親会社の霧島酒造が、焼酎の原料となるさつまいものルーツを探して世界を回る地上波放送の番組のスポンサーをしており、その関係で霧島酒造の代表取締役専務でもあるBTVの江夏拓三社長が海外各地を訪れる中、そこで縁のあった制作会社や現地在住の日本人の方に、特派員的な形で番組を制作してもらうようになったことがある。

　特に、モンゴルのUBSとロシアのイルクーツクにあるAISTというテレビ局が中心となってスタートした国際映像祭「Fish Eye」に2003年から参加し、翌

2004年にAISTとも友好交流局提携をするとともに、「Fish Eye」に参加する中国や韓国の映像関係者とも交流するようになった。この「Fish Eye」はほぼ毎年、各国持ち回りで開催しており、開催地の自治体主催によるパーティーで参加した市民同士の交流もある。

　「過去にニュージーランド在住の特派員が制作していた番組は、その方が帰国したことで残念ながら終了したが、一方で都城市がバヌアツからのJICAの研修生を受け入れた際、霧島酒造が協力したことをきっかけにバヌアツの番組が新たにスタートするといった入れ替わりがあり、コミュニティチャンネルの視聴者には他国の文化や観光の魅力を伝える番組として楽しんでもらっている」（木脇）

　そして、AISTと共同で開局20周年記念番組として1年がかりで制作した「ゴンザ」は、18世紀に薩摩出身の少年がロシアに漂着し、世界初の露和辞典を制作する物語で、ヒストリーチャンネルの第5回ヒストリーアワードでグランプリを受賞し、さらにCATV局として初めて放送人の会による放送人グランプリ2018で優秀賞を受賞した。

　また現在、BTVには日本語のできるロシア人、モンゴル人、中国人の外国人社員が5名いて、地元でも外国人社員による番組が制作されている。

ロシア人スタッフが出演するＢＴＶの放送

　「BTVでは今後、放送エリア内人口が減少することへの対応が大きな課題となるが、こうした海外とのつながりを有効活用して、BTVが制作する南九州の観光の魅力を伝える番組の海外での放送を通した、地域経済の活性化につながるインバウンドの促進や、地元企業の様々な商品の海外でのプロモーション等にも力を入れていきたい」（木脇）という。

　BTVの県域での他局との提携、及び海外の放送局との交流を通して地域が海外と直につながることによる新たなビジネスの模索は、これからの地方のCATV局が目指す方向を考える上で注目される。

5 インフラビジネスからコンテンツビジネスへの回帰

ニュース報道に取り組む中海テレビ放送

BTVとは別の形で、これからの人口減少時代における地方のCATV局が目指す方向を考える上で重要なのが、鳥取県米子市に本社のある中海テレビ放送の取り組みである。

中海テレビ放送は1984年（昭和59年）に設立され、BSアナログ放送がスタートした1989年（平成元年）に開局した。当時、鳥取、島根両県を放送エリアとする地上波民放局は3局しかなく、米子市民の多チャンネル放送への期待は大きかった。また人口の少ないこのエリアで、地上波民放局の番組の自社制作比率は低く、特にローカル情報は県庁所在地の鳥取市、松江市のものが中心で、米子市の情報は少なかった。

そんな中、地元の制作会社である山陰ビデオシステム（SVS）代表取締役だった高橋孝之（現中海テレビ放送代表取締役会長）は、中海テレビ放送の立ち上げに関わる中、地域に密着したコミュニティチャンネルに徹底してこだわろうとした。そして、開局当初からコミュニティチャンネルを、その日のニュースを30分間の番組でリピート放送するニュース専門チャンネル（中海テレビニュース）、総合編成で地元の様々なイベント、その他の情報について放送するチャンネル（中海チャンネル）の2本立てとし、それに行政からの広報や民間のイベント情報等を文字情報で放送するチャンネル（生活情報チャンネル）を加えた3チャンネルでスタートさせた。さらに

鳥取県米子市にある中海テレビ放送

1992年（平成4年）には、市民が制作した番組を持ち込んでそのまま放送するパブリックアクセスチャンネルが加わる。

　開局当初から1チャンネルまるごとニュース専門チャンネルを設けたケースは他のCATV局ではほとんど例がないが、高橋は、「単に地域で起きた事件・事故をそのまま伝えるのではなく、そうした事件・事故が起きた背景や地域の抱える課題について伝え、さらにその解決に向けた行政の取り組みまでも特集にして伝えることによって、地域の課題解決につながるので、中海テレビ放送では地域のニュース報道を最も重視してきた」という。

　放送事業本部副本部長兼報道部次長で記者としても現場に出ている上田和泉によると、中海テレビニュースでは毎週月曜から金曜まで朝のニュースを、朝6時半から8時まで1時間半の生放送で「モーニングスタジオ」という番組で伝え、その後に起きたニュースを昼に短い生放送で伝えた後、夕方6時から30分間、土曜、日曜も含めて毎日、その日のニュースを生放送で「コムコムスタジオ」という番組で伝え、後の時間帯はリピート放送していく。これを10数名の報道部のスタッフがビデオジャーナリスト方式で取材から編集まで担当し、1日1、2本のニュース映像を完パケにして提出しているという。市役所や警察の記者クラブにも加盟しており、他にも放送エリア内の8市町村と隣接する江府町、JR、米子市を拠点としたサッカークラブのガイナーレ鳥取等には、担当記者がついている。

　また、中海テレビニュースでは、自治体の選挙で当選した全議員から、任期中にやろうとすることについて3分間のメッセージを収録して放送するとともに、後でその検証も行っている。

　「知事や市長、そして議員のメッセージを伝えるだけでなく、それを市民が評価できるよう検証することで、中海テレビ放送は地域メディアとして大きな影響力を持つようになった」（高橋）という。

　そして、中海テレビ放送は地域のニュース報道を行う上で番組審議会とは別に、「コムコムカンファレンス」という地元の有識者から意見をうかがう評議会を設置した。「ニュース報道を通して何かトラブルが生じた際に第三者委員会を立ち上げて対応するのではなく、評議員が常に中海テレビ放送の報道基準をもとに、「正しい報道をしたか」、「取り上げるべきことを落としていないか」、「取り上げる必要のないものを取り上げていないか」をチェックすることで、放送倫理に沿ったニュース報道ができるようにする仕組みである。

「中海テレビ放送のコミュニティチャンネルの視聴率が高いとはいっても、地上波放送と異なり広告収入は年間１億円程度なのに対し、その20数倍の売上げを市民からの受信料で賄っている中海テレビ放送は、最大のスポンサーである市民の側に立って地域のニュース報道を行っていきたい」と高橋は語る。

　このように中海テレビ放送では地域のニュース報道に力を入れるとともに、そこで明らかとなった地域の課題解決に向けて、情報番組の制作にも力を入れてきた。2001年（平成13年）に放送を開始した「中海物語」はその１つで、米子市に隣接した汽水湖である中海の環境問題に取り組む地元の市民グループと中海テレビ放送が、コンソーシアム方式で地元の多くの市民や自治体・企業等を巻き込んで中海の環境問題解決に向けた番組を制作し、そしてこの取り組みがNPO法人中海再生プロジェクトの設立と長期的な中海再生の取り組みへとつながっていった。

　他に中海テレビ放送が力を入れているのが、過去に放送してアーカイブした番組の再放送である。放送事業本部長兼特命部長の野々村正仁によると、中海チャンネルで放送している「出会いふれあいそぞろ歩き」のような放送エリア内の各地域をキャスターが歩いて回ってリポートした過去の映像を空き時間に放送したところ、街並みの変化を知ることができ、過去を懐かしむ中高年層に大人気となった。

米子をハブにした情報配信

　中海テレビ放送が2003年（平成15年）に新たにスタートさせたのが、県民チャンネルである。これは高橋が地域コンテンツのシンジケーターとして立ち上げたサテライトコミュニケーションズネットワーク（SCN）の通信インフラ等を活用して、鳥取県内の各CATV局（中海テレビ放送以外、日本海ケーブルネットワーク、鳥取中央有線放送）が制作した番組を相互に放送することを目指す、鳥取県民チャンネルコンテンツ協議会のコンテンツの受け皿として誕生したもので、県庁所在地の鳥取市にある日本海ケーブルネットワークが制作した鳥取県議会中継等が放送されている。

　あともう１つ中海テレビ放送が自ら制作するのではなく、放送エリア内の各自治体で制作した番組を放送しているのが、各地域専門チャンネルである。このチャンネルでは放送エリア内の日南町、伯耆町、南部町、大山町、日野町、

日吉津村の6町村で、それぞれ地元自治体の制作した番組が視聴できる。

　また、米子市、境港市については、それぞれ議会中継を中心とした独自のチャンネルが別途ある。自治体によって制作の仕方が異なり、「もともと町営のCATV局のあった伯耆町、役場の職員が制作するのではなく東京の制作会社に委託している大山町では、かなりクオリティの高い番組が放送されているのに対し、中には文字情報中心のところもあるが、ただこうした地域限定の放送では、視聴者の多くがお互いに顔見知りのため、子供の顔出しも普通に行われる等、地域に密着した映像が流れる」（上田）という。

　ただ、各地域の番組はその自治体でしか視聴できないため、中海テレビ放送では2017年（平成29年）から「ド近所さん」という各地域専門チャンネルの番組を取り上げて他の地域にも紹介する番組を、中海チャンネルで放送している。

　この各地域専門チャンネルの中で日野町の「チャンネルひの」は、SVSが運営受託して番組を制作している。SVSでは、自治体がメーカーと議会中継の仕組みや役場の会議室のスタジオ化や町内のライブカメラを米子市にあるSVSのスタジオとつないで制御する仕組みを、自治体自ら番組を制作して送り出す仕組みを構築するよりも遥かに安い1億円のイニシャルコストで構築した。

　そして、現地で取材する人を1人配置して、毎週数本の地元のイベント等のニュースを配信する番組や、町民が役場のスタジオに来てSVSのスタジオのスタッフとトークする番組等を、議会中継やライブカメラの映像等と併せて放送している。また、「チャンネルひの」はCATVの視聴者以外の町民も視聴できるよう、IP放送でも配信されている。

　「今日、かつての農村型・自治体経営型のCATV局（MPIS）はまだ全国各地に残っているところがあるが、過疎化の進む地域ではかなり疲弊しており、それを地元で取材する人以外無人化して米子のSVSがコントロールする形で、年間数千万円のランニングコストに落として放送する仕組みをパッケージ化するのに、日野町のケースは1つのモデルとなるのではないか」と高橋は語る。

　「チャンネルひの」は遠隔操作による地域専門チャンネル運営の取り組みだが、もう1つ高橋がSCNの方で遠隔操作によるCATV向けコンテンツ配信として行っているのが、「コミネット」のサービスを通した緊急情報と地域情報支援である。

　2005年（平成17年）にスタートした「コミネット」は、Lアラート、行政、ライブカメラ映像、道路、鉄道、気象、NHKニュース等の様々な情報をギャザリ

ングして、全国各地のCATV局に配信するサービスで、当初はコミュニティチャンネルでニュースを流していない多くのCATV局は関心を示さなかった。だが、2011年（平成23年）に起きた東日本大震災の際、仙台市にあった2つのCATV局の内、「コミネット」を導入していた「J：COM仙台キャベツ」はSCNから様々な緊急情報を配信することができたが、もう1つの仙台CATVはほとんど緊急情報を配信することができなかった。このことがあってその後、仙台CATV、そしてJ：COM傘下の他の局も「コミネット」を導入するようになり、今では全国各地の多くの局が「コミネット」を導入するようになっている。

中海テレビ放送の新たな挑戦

　これまで中海テレビ放送の地域に密着した放送、及び中海テレビ放送と連携するSVS、SCNの米子をハブとした全国各地のCATV局への情報配信を目指す取り組みについて、主に3社のビジネス戦略に関わった高橋へのインタビューを通して見てきた。それでは今後、地方の独立系CATV局はどんな方向に向かうのだろうか。

　中海テレビ放送は現在、放送エリア内世帯の5割以上となる5万3000世帯が加入し、年間50億円余りの売上げ（5億円余りの粗利）を得ている。他の地域と比べて多チャンネルの契約者が多いため、放送事業の売上げがその半分近くを占め、またネット、電話、電力等の事業は他所との競争もあって利益率が低く、放送事業によって利益の多くを得ている。

　「放送への視聴者の信頼や地域に対する貢献度が高いため、多くの加入者はネットや電話や電力等の他のサービスもセットで加入するので、これからもスポンサーである市民のために、自治体や地元企業と市民をつないで地域の課題を解決するための放送を行っていきたい」と高橋は語る。

　また高橋は、「将来的に5Gとそれを利用したIP放送が普及すれば、CATV局のインフラに依拠したビジネスの多くが成り立たなくなり、そうした中で地域のCATV局が生き残るためには、自ら地域発のコンテンツを生み出して地域の内外に配信することが重要」と考える。そのため中海テレビ放送ではSVSと協力して、地域の情報を地域の市民に伝えるだけでなく、地域の外に発信する番組制作にも力を入れており、2017年（平成29年）に制作した番組「米子が生んだ心の経済学者〜宇沢弘文が遺したもの〜」が、翌2018年（平成30年）にNHKの

BSで全国に再放送される等の実績を上げている。

　中海テレビ放送のようなインフラビジネスではなくコンテンツビジネスを核にした展開は、今後、他の地方の独立系CATV局にとっても自らの生き残りのため重要なポイントとなろう。

（松本　恭幸）

＊1　OTT（Over The Top）サービスは、インターネットを通した音声・映像コンテンツ配信等で、CATVが提供するサービスと競合する。

＊2　住民ディレクターは、自ら生活する地域に関わる映像を制作することを通して、企画・取材、構成・編集、広報・宣伝等について学んだことや、様々な取材先で出会った人たちとの間で育まれたネットワークを、地域づくりに役立てていく人材である。岸本が育成した地域づくりの担い手となる住民ディレクターによる映像制作を通した地域づくり活動は、全国各地で展開されている。

＊3　「エルシーブイFM769」は、2006年の豪雨の被害をきっかけに誕生したいきさつから、災害時にライフライン関連の情報を伝えることを大きな目的としており、停電が起きても自社発電で放送を継続する仕組みを構築している。そして、日頃から地元の人たちにコミュニティFMの周波数に合わせてラジオを聴く習慣を身に付けてもらうため、平日の通勤・通学の時間帯、お昼休みの時間帯に、地元のニュースや様々な地域情報を伝える生放送に力を入れている。特に、朝と昼はCATVのコミュニティチャンネルと連動して、テレビの方でも一部の時間、ラジオの音声にライブカメラによるエリア内の道路の映像やラジオのスタジオの映像、文字情報を被せて放送している。

　　また、CATVの方では、諏訪市、岡谷市、茅野市、辰野町の4つの自治体がそれぞれ行政チャンネルを持って議会中継等を独自に自主放送していることもあり、自治体の広報は、「エルシーブイFM769」中心に行っている。

　　土曜日、日曜日はミュージックバードから配信された番組を中心に放送しているが、平日は約半分の番組を自主制作しており、地元の高校生や様々な市民、そして地元出身のタレントに出演してもらい、パーソナリティが話をうかがうことで、「エルシーブイFM769」の認知を高めてリスナーを増やそうとしており、現在、主婦層を中心としたコアなリスナー層が育っている。

第3章

コミュニティ FM の変遷 ①

災害時の役割をめぐって

はじめに

　1992年（平成4年）に制度化されたコミュニティFM局は、阪神・淡路大震災をきっかけに最初の開局ラッシュを迎えるが、もう1つその後のコミュニティ放送の歴史にとって重要な出来事は、阪神・淡路大震災で被災した在日外国人が多く暮らす神戸市長田区で、被災した在日外国人向けの外国語放送を行うミニFM局からスタートし、震災1年後に「多文化・多民族共生のまちづくり」を目指すコミュニティFM局として「FMわぃわぃ」が誕生したことだろう。「FMわぃわぃ」はその後、20年間にわたって多文化・多言語放送を続け、新潟県中越地震や東日本大震災の際に、臨時災害放送局の支援を行った。

　「FMわぃわぃ」は2015年（平成27年）にコミュニティFM局としての放送を終了してインターネットラジオで番組配信を継続しているが、被災した人に必要な情報を提供する災害放送は、2004年（平成16年）の新潟県中越地震、2007年（平成19年）の新潟県中越沖地震の際は、迅速に立ち上がった臨時災害放送局によって行われた。

　そして、2011年（平成23年）の東日本大震災の際は、様々なスキームで臨時災害放送局の開局支援が行われ、2016年（平成28年）の熊本地震の際には、総合通信局が送信機等の設備を貸し出す仕組みができていたことで、被災した自治体で比較的スムーズに臨時災害放送局の開局が可能だった。ただ、国による補助金の支援の仕組みがなく、民間に頼らなければならない状況で、今後、新たな大規模災害に備えて、そうした状況を改善していくことが求められる。

　この章では、阪神・淡路大震災から熊本地震までのコミュニティ放送局、臨

時災害放送局の活躍と、令和の今日に残る課題について見ていきたい。

① 阪神・淡路大震災をきっかけに誕生した「FM わぃわぃ」

　市町村単位で地域に密着した放送を行うコミュニティFM局は、1992年（平成4年）に北海道函館市で誕生した「FMいるか」が最初だが、その後、1995年（平成7年）1月17日に発生した阪神・淡路大震災をきっかけに、災害時に市民に必要な情報を迅速に伝える地域メディアとしての役割が注目され、翌1996年（平成8年）から1998年（平成10年）にかけて開局ラッシュを迎えることになる。

　震災で大きな被害を受けた神戸市長田区では、震災直後の1月末に、被災した在日韓国・朝鮮人向けにミニFM局「FMヨボセヨ」が、神戸韓国学園の中に誕生した。その後、3月にはベトナム語、スペイン語、タガログ語、日本語で放送を行うミニFM局「FMユーメン」が、カトリック鷹取教会内に全国各地から集まったボランティアが救援活動を行う「たかとり救援基地」（現在は「たかとりコミュニティセンター」）で放送を開始した。7月に両者は合併して、ミニFM局「FMわぃわぃ」となる。そして、震災からちょうど1年後の1996年（平成8年）1月17日、「FMわぃわぃ」は「多文化・多民族共生のまちづくり」を目指すコミュニティFM局として開局する。

2007年に再建される前のＦＭわぃわぃの旧局舎

　「FMわぃわぃ」はその後、20年間にわたって多文化・多言語放送を続け、2004年（平成16年）10月23日に発生した新潟県中越地震の際は、被災地である長岡市のコミュニティFM局「FMながおか」や十日町市の臨時災害放送局「十日町市災害FM局」を支援し、在日外国人支援団体とともに災害情報を多言語化して、現地で被災した在日外国人に伝える活動を行った。また、2011年（平成23

年）3月11日に発生した東日本大震災の際も、被災地の多くの臨時災害放送局の支援を行っている。

　だが、こうした大規模災害時の活躍にもかかわらず「FMわぃわぃ」は、開局から20年後の2016年（平成28年）3月末にコミュニティFM局としての放送を終了し、インターネット放送局に移行した。当時、局の運営をするNPO法人エフエムわいわいの代表理事だった日比野純一は、東日本大震災後の2011年（平成23年）6月に放送法、電波法が改訂され、コミュニティ放送が基幹放送と位置付けられたことで、基幹放送の設備の保守・運用に多大な金銭的負担や手間がかかるようになったことが、コミュニティFM局としての「FMわぃわぃ」の運営を難しくした最大の原因と述べている。

　日比野の後を継いで大川妙子とともにNPOの代表理事の1人となった金千秋によると、「FMわぃわぃ」が最初に純民間の株式会社として開局した時の資本金2000万円の内、1000万円はカトリック鷹取教会への災害復興のための寄付金で、残りの1000万円は在日コリアンの人たちを中心に小口の出資金を集めたものだという。

　「FMわぃわぃ」ではCMをほとんど流さずに放送を行ってきており、当初はたかとりコミュニティセンターが受け取った助成金をまわしたり、局のスタッフの人件費を教会の職員の人件費で賄ったりするなどしてやり繰りしたが、開局から7年後の2003年（平成15年）には資本金がほぼ尽きた。そのため開局時に番組制作の中心にいて当時はたかとりコミュニティセンター内でパソコンを活用して非営利の市民活動を支援する取り組みをしていたNPO法人ツール・ド・コミュニケーション代表の日比野を委員長とする再建委員会が発足して、経営の立て直しを図ることになり、放送番組を「FMわぃわぃ」の本来のコンセプトである「多様性の重視と住民自治の実現」に寄与するものに絞り込み、放送時間を短縮した。そして、翌2004年（平成16年）から日比野が新たに代表取締役に就任して、正社員は総合プロデューサーの金のみ（他はアルバイトやボランティア）の体制で、「FMわぃわぃ」の運営資金をツール・ド・コミュニケーションの事業で補う形で放送が継続される。

　だが、2007年（平成19年）にはツール・ド・コミュニケーションで「FMわぃわぃ」の運営が支えられなくなり、今度は開局時に番組制作の中心にいて当時はたかとりコミュニティセンター内で多言語翻訳事業を行っていたNPO法人多言語センターFACIL代表の吉富志津代を中心に、「FMわぃわぃ」、FACIL、

そして多文化な背景を持つ子どもたちの自立支援団体のワールドキッズコミュニティの3者が、多文化プロキューブというコミュニティ・ビジネス事業体に統合され、実質、FACILの事業で「FMわぃわぃ」を支える形で運営されることになった。

　その後、2011年（平成23年）4月に株式会社エフエムわいわいからNPO法人エフエムわいわいへ事業譲渡する形で、NPOによる運営に移行する。そして、将来のFMわぃわぃの放送の継続に向けての検討がされていた中で、2014年（平成26年）8月と12月に、送信機の老朽化による故障で放送がストップする事故が発生する。この時は「FMわぃわぃ」の存続のため、マスメディア等を通して広く寄付を呼び掛けた結果、全国の支援者や支援団体から1000万円余りの寄付が集まり、その内の800万円をかけて新たな送信機を購入して放送を継続することができた。

　ただ、これをきっかけに「FMわぃわぃ」を将来的に基幹放送として維持していくための負担の問題が内部で議論されるようになり、2015年（平成27年）11月にコミュニティFM局としての放送の終了と、インターネットラジオ局としての継続が決定した。そして、神戸市と「災害時における多言語放送に関する協定」を締結し、今後、大規模災害が発生した際は、臨時災害放送局として現在所持している放送機材を使って、市内全域で多言語による緊急情報や生活関連情報を伝える役割を担う取り決めをして、2016年（平成28年）3月末で免許を返上して地上波放送を終了した。

　阪神・淡路大震災後の地域の復興や在日外国人コミュニティの自立支援に向けたたかとりコミュニティセンターの活動の中から生まれた「FMわぃわぃ」は、いわゆる通常の商業放送局のようなCMは流さず、地域の個人、学校、事業者からの地域コミュニティに向けたメッセージを、制作費を頂いて番組にして放送するくらいで、支援者からの寄付、番組枠を持って学生たちが放送している地元の関西学院大学やICTを活用した市民活動支援を行うひょうごNPO情報通信技術支援ネットワーク（ひょうごんテック）からの機材の提供、その他、多くのボランティアの協力を得ることで、コミュニティFM局として多様性のある豊かな地域コミュニティづくりのための放送を、20年間継続することができた。

　コミュニティFM局らインターネットラジオ局への移行に際して、当初3年間、リアルタイムでストリーミング配信を続けたが、配信に関わる全員がボラ

ンティアの体制でシステムや機器の新たな更新が難しいため、2019年（平成31年）3月末にサイマル放送での配信を、同年（令和元年）6月末でリスラジでの配信をそれぞれ終了した。現在は地域や各在日外国人コミュニティに関する様々なカテゴリーの音声番組をアーカイブして、オンデマンドでポッドキャスト配信、YouTube配信する形になっており、これまでどおり多様な文化や言語の人たちがたかとりコミュニティセンターにある「FMわぃわぃ」のスタジオに集まって、各コミュニティで必要とされる情報を発信している。

２ 中越地震、中越沖地震の災害放送

臨災局をきっかけに全国初のコミュニティFM局の開局

阪神・淡路大震災をきっかけに誕生した「FMわぃわぃ」は、20年間のコミュニティFM局としての放送を終えて閉局したが、この「FMわぃわぃ」が2004年（平成16年）10月の新潟県中越地震の際に、臨時災害放送局による災害情報の多言語放送の支援を行った十日町市では、その後、地元有志によるコミュニティFM局開局に向けた動きが生まれ、2006年（平成18年）2月にコミュニティFM局「FMとおかまち」が開局した。臨時災害放送局による放送をきっかけにコミュニティFM局が新たに誕生したのは、全国で初めてのケースである。

十日町市では中越地震の後に立ち上がった臨時災害放送局「十日町市災害FM局」の放送が、市の職員が中心となって震災翌年の2005年（平成17年）1月末まで行われ、その後、同年3月に青年会議所や商工会議所青年部の有志を中心とするコミュニティFM局開局に向けた発起人会が発足した。そして、地元の多くの事業者から資本金5500万円を集め、また隣接する南魚沼市と長岡市のコミュニティFM局「FMゆきぐに」、「FMながおか」から局の運営や技術面での様々な支援を受けて、「FMとおかまち」は誕生した。放送エリアは十日町市全域と周辺の小千谷市、津南町の一部である。

「FMとおかまち」では開局した年に局のスタッフが、地震の被害が最も大きかった地域に通い、そこで暮らす人たちの復興に向けた姿を取材して制作したラジオドキュメンタリー『震災復興キャンペーン〜心に太陽を』が、翌2007年

（平成19年）に放送批評懇談会のギャラクシー賞で、ドキュメンタリー部門の選奨を受賞した。また、2011年（平成23年）には防災化学研究所の防災ラジオドラマコンテストで、中越沖地震の際に柏崎市のFMピッカラの支援に行ったスタッフが、そこでの体験をもとに制作したラジオドラマ『キズナ』が、優秀賞を受賞した。「FMとおかまち」局長の井口淳によると、「その後はこのような大掛かりな取材をともなう番組を制作していないが、開局初期に震災をテーマに制作した番組が賞を受賞したことは、大きな自信につながった」という。

　このように「FMとおかまち」では開局から災害対応に力を入れており、また十日町市の方でも大規模災害時に緊急情報を伝えるエフエム告知受信機（防災ラジオ）を全世帯に配布している。他に力を入れているのが、地域のニュースを取材して伝えることで、地元の十日町記者クラブに加盟し、過去に幹事社も務めたが、これはコミュニティFM局としては他にほとんど例のないことである。

ＦＭとおかまちのスタジオと井口淳局長

コミュニティ FM 局から臨災局へ

　2007年（平成19年）7月16日に発生した新潟県中越沖地震の被災地となった柏崎市では、震災の12年前の1995年（平成7年）6月に市内の主要部分を放送エリアとするコミュニティFM局「FMピッカラ」が開局しており、震災後に1か月間、臨時災害放送局「柏崎市災害エフエム」として放送を行った。

　柏崎市では、1992年（平成4年）に柏崎観光協会青年部のメンバーが、北海道函館市で全国初のコミュニティFM局「FMいるか」が誕生することを知り、地元でも地域活性化のためコミュニティFM局を立ち上げようと市や商工会議所の協力を得て多くの市民に出資してもらい、1994年（平成6年）12月に会社を設立して、翌1995年（平成7年）6月に開局した。開局当時の資本金は3000万円で、当時は全国で最も小さなコミュニティFM局として話題となった。

「FMピッカラ」が開局して3週間後に、柏崎市では7.11水害が発生し、「FMピッカラ」のスタッフは、市内の各現場から携帯電話で局に中継して放送した。「FMピッカラ」取締役統括部長の前田弘実によると、「柏崎市では当時、防災行政無線の個別受信装置を全戸に配布していて、市の災害対策本部では防災行政無線を通して避難を呼びかけており、局のスタッフはそれを聴きながら自分たちも集中豪雨の被害が予想される現場に出かけたが、ある現場の避難経路が市の防災行政無線で伝えたのとは逆の状況にあることを目視で確認し、慌ててその間違いを放送で伝えたことで、市の方から災害時のコミュニティFM局の役割を認知されるようになった」という。

「FMピッカラ」では開局した初期の時期にこうした災害放送を経験したことで、その後、中継機器の整備や災害放送を行うためのシステムを新たに構築して大規模災害に備えるようになった。それが新潟県中越沖地震の際の臨時災害放送局としての放送に役立ち、震災発生から41日間連続で24時間災害放送を行うことができた。その時の録音された音声は後に独立行政法人防災科学技術研究所の方で分析して、それが2011年の東日本大震災の際の被災地支援にも役立てられた。

このように阪神・淡路大震災の際は、(震災から1か月近く経った後に、県域の臨時災害放送局として「FM796フェニックス」が立ち上げられたものの) 被災地にコミュニティFM局がなく、ミニFMが活躍してそこから地域の復興に向けてコミュニティFM局「FMわぃわぃ」が誕生したが、それから9年後の中越地震、12年後の中越沖地震の際は、震災から1週間程で被災地の自治体で新たに臨時災害放送局が開局したり、既存のコミュニティFM局が臨時災害放送局として災害放送を行ったりした。阪神・淡路大震災をきっかけに、大規模災害時のラジオの役割が見直されたことによる。

3 3.11で数多く誕生した臨災局

コミュニティFM局による災害放送

新潟県中越沖地震から4年後の2011年(平成23年) 3月11日に発生した東日本

大震災では、（中継局等を除いて）30局の臨時災害放送局が立ち上がり、さらにより広く大規模災害時のラジオの役割を改めて周知することになった。

　震災で津波による大きな被害を受けた沿岸部の自治体では、被災した人の多くが避難所に避難し、また自宅に留まった人も停電等でテレビ、電話、ネット等が利用できない中、地元にコミュニティFM局のあった地域では、その放送が初期段階で地元の情報を伝えた。

　宮城県岩沼市では第三セクターのコミュニティFM局「エフエムいわぬま」が存在し、送信所とサテライトスタジオが市役所内にあったため、地震が発生して津波が到達する前に市役所から緊急割込放送で津波に関する情報を伝えることができた。そして、津波により市内が停電した後も、市役所の自家発電を通して市長自らが、市の災害対策本部に集約された主にライフライン関連の情報を、1日3回、サテライトスタジオから放送した。

　災害対策本部に集まる情報の多くは、市の職員が手分けして津波の被害を受けた沿岸部を中心に市内各地に赴いて直接確認したもので、これを市の広報を担当するさわやか市政推進課の職員が原稿にまとめ、市長の放送以外の時間帯に、「エフエムいわぬま」のアナウンサーが随時読み上げて伝えた。岩沼市で停電が解消したのは3月14日以降だが、テレビを通して放送される震災関連情報の大半が岩沼市以外のもので、岩沼市民にとってもっぱら必要な情報を伝えたのは「エフエムいわぬま」だった。

　当時、さわやか市政推進課長補佐だった木村

エフエムいわぬまの局舎

和裕によると、「震災後に災害ボランティアで来た人たちの中には阪神・淡路大震災の体験者も少なからずおり、番組の中では彼らのかつての復興体験を踏まえてのアドバイスを紹介し、また市の職員以外に、地元で市民活動に携わっている人や新聞販売店の人等、市内を動き回って様々な情報を持っている人に声

をかけて、そうしたネットワークを通して集めた情報も紹介した」という。

　ただ被災地で、もともとコミュニティFM局が地元に存在していた自治体は数少なく、震災後にコミュニティFM局から臨時災害放送局に移行して放送を行ったのは10局で、特に被害の大きかった東北3県の沿岸部では、宮城県の石巻市、塩釜市、岩沼市、福島県のいわき市にあった4局のみである。

臨災局の開局支援

　また、既存のコミュニティFM局から移行したケースも含めて、臨時災害放送局として増力した出力で災害放送を行うためには、それが可能な送信機の調達が必要になる。震災後にこうした既存のコミュニティFM局からの移行も含めて、臨時災害放送局の開局支援を行った企業として、福島県福島市のMTS＆プランニングがある。

　MTS＆プランニングは、1983年（昭和58年）に福島県で4局目の民放局として開局したテレビュー福島の放送業務をサポートする関連会社として設立された。その後、1996年（平成8年）に東京の渋谷区に「しぶやエフエム」が開局した際、初めて放送設備の納入と技術面でのサポートを担当し、コミュニティFM事業に参入した。そして、コストパフォーマンスに優れたイタリアのメーカーのラジオ放送機器の代理店となり、多くのコミュニティFM局の開局に関わるようになり、新潟県中越地震の時には、臨時災害放送局の「ながおかさいがいエフエム」、「十日町市災害FM局」の開局支援を行った。

　東日本大震災の発生した際、MTS＆プランニングでは臨時災害放送局の開局支援のため、社内にどれだけ貸し出し可能な機材があるか確認したところ、たまたまイタリアのメーカーから新製品の検査のために借りていた最大100Wまで出力可能な可変式の送信機6台があり、これらを含めて10台余りの送信機の在庫があった。

　そして、被災した東北3県の各地の既存のコミュニティFM局等から、臨時災害放送局への移行に必要な増力可能な放送機器の調達について問い合わせが届く中、MTS＆プランニングでは東北総合通信局と相談して限られた数の放送機器の貸出先を決めた。早期に臨時災害放送局としての放送を終了したところからは放送機器を返却してもらい、遅れて新たに臨時災害放送局を立ち上げようとするところに貸し出した。また、依頼があれば現地まで行き、周波数の

決定から機器の設置までを手伝った。

　メディア事業部技術課の佐藤俊宏部長によると、「比較的初期に誕生したコミュニティFM局は、周波数が70MHz台（＝アンテナが長め）の局が多く、そうした局で過去に使用して交換したアンテナが社内に残っていたため、新たに臨時災害放送局として開局する局の周波数に合わせて切り、送信機のフィルターを改造して間に合わせた」という。

　新たに臨時災害放送局を開局する地域では、開局に必要な陸上無線技術士の有資格者がいないところもあり、その際はMTS＆プランニングが社内の有資格者を充て、何かあれば現地に行ける体制にした。

　MTS＆プランニングが開局支援した臨時災害放送局の内、既存のコミュニティFM局からの移行を除いて新たに開局したところでは、岩手県宮古市の「みやこさいがいエフエム」が最初である。こちらはもともと母体となった「みやこコミュニティ放送研究会」の方で、MTS＆プランニングにコミュニティFM局の開局について相談していたことや、臨時災害放送局というものについて知っていたこともあり、震災後、既存のコミュニティFM局の移行と同じタイミングで支援することができ、震災から8日後の3月19日に開局した。

　また、宮城県気仙沼市の「けせんぬまさいがいエフエム」は、隣接する登米市の「はっとFM」が間に入って開局支援したため、MTS＆プランニングでは放送機器の貸し出しのみ対応し、3月22日に開局した。

　一方、同じ福島県内の沿岸部での新たな臨時災害放送局の立ち上げは、福島原発事故の影響で少し遅れたが、MTS＆プランニングの社員に相馬市出身者がいたこともあり、直接、MTS＆プランニングから市役所に出向いて臨時災害放送局の開局について話をし、開局することが決定した。こちらはラジオ放送に関するノウハウを持った人が全くいなかったため、MTS＆プランニングの方で技術面に関して必要な講習を行い、3月30日に開局した。

　佐藤は、「東日本大震災が発生した当時、臨時災害放送局について知らない自治体関係者が多くいたが、その後の被災地での臨時災害放送局の活躍から、全国各地の自治体関係者の間で、大規模災害に際して被災者が必要とする情報を提供するのにラジオという伝達手段が有効であることが、ある程度認知されたのではないか」という。

　ちなみに東日本大震災では、こうしたMTS＆プランニングによる開局支援以外にも、阪神・淡路大震災や新潟中越地震を経験した「FMわぃわぃ」、「FM

ながおか」を始めとする複数のコミュニティFM局、NPO法人BHNテレコム推進協議会等が開局支援を行い、また、日本財団、日本フィランソロピー協会等による開局補助金や運営補助金の支援、そして緊急雇用創出事業によるスタッフの雇用等が行われた。

4 熊本地震の災害放送

災害時に市民に聴かれるための平時の放送

　東日本大震災では被災地の自治体で多くの臨時災害放送局が誕生し、その中から臨時災害放送終了後、8つのコミュニティFM局が誕生した。また、他の地域でもコミュニティFM局の災害時の役割が注目されたこともあり、新たに多くの局が開局した。だが、コミュニティFM局の放送が災害時に有効に機能するためには、平時において地域の人たちが必要とする情報を伝え、地域で多くの人に支持されていることが重要である。

　2016年（平成28年）4月に発生した熊本地震は、14日の前震、16日の本震以外にも多くの余震が発生し、熊本市を始め、熊本県内の益城町、南阿蘇村等を中心に大きな被害をもたらしたが、この時に臨時災害放送局として災害放送を行った熊本市の第三セクターのコミュニティFM局「熊本シティエフエム」は、1996年（平成8年）4月に九州初のコミュニティFM局として誕生して以降、徹底して地域に密着した放送を行ってきた。

　「熊本シティエフエム」営業部長の長生修によると、同社は「かつて熊本市教育委員会と同じビルに入居しており、そこで教育関係者と交流を持つ中、2000年（平成12年）にスタートした総合学習の取り組みについて、学校間で情報共有する場がないという声を聞いたことをきっかけに、学校間での情報共有と併せて、学校と地域をつなぐ新たなメディア事業を構想した」という。

　そうして生まれたのが、熊本市内の各小学校区の地域コミュニティに向けた「子ども新聞」の発行、各校区の話題を取り上げる番組「校区のチカラ」や各小学校の子どもたちが生出演する番組「子どもラジオ局」の放送、各校区の情報のハブとなる「くまもと校区ネット」の運営といった取り組みである。

2003年（平成15年）に創刊された「子ども新聞」は、年6回、各小学校で教員と子どもたちに配られ、その他、公民館や地域コミュニティセンターに置いたりスポンサー企業に配ったりするものも含めると、最も多い時で5万部以上発行された。創刊当時は、「入学」、「卒業」、「夏休み」、「運動会」等の学校行事に関するテーマ以外では、総合学習に絡む「歴史」、「環境」等のテーマで特集を組むことが多かったが、近年では学校や家庭で関心のある「食育」、「防犯」等のテーマも取り上げられている。紙面の取材・編集は、「校区のチカラ」、「子どもラジオ局」等のパーソナリティを務める水野直樹がほぼ1人で担当し、必要に応じて他の社員も手伝い、デザイン・レイアウトは制作会社に外注している。

　この「子ども新聞」と連動した番組が、校区の話題を取り上げる「校区のチカラ」や子どもたちが生出演する「子どもラジオ局」である。「子どもラジオ局」では、番組内で各小学校に通う子どもたちが、ニュースを読んだり自分たちの学校の自慢話等を紹介したりしている。

　熊本シティエフエムでは、県庁所在地にあってリスナーからは県域局と比較される立場だが、こうした地域づくりをサポートする取り組みを通して、地域に密着したコミュニティFM局として県域局と差別化した自らの立ち位置を確立し、多くの市民の支持を得てきた。また、防災面では、中越地震、中越沖地震の後、社員のほぼ全員が研修を受けて防災士の資格を取得した。

　そんな中で2016年（平成28年）4月に熊本地震が発生し、「熊本シティエフエム」では熊本市と災害時の放送に関する協定で熊本市災害対策本部が立ち上がれば24時間放送を行うことになっており、これ以降、社員が交代で泊まり込んでの放送がスタートした。

　16日の本震の際には、停電の際に無停電電源装置が起動せずに放送が40分間中断するトラブルに見舞われたが、その後は市内の被害状況については大手マスコミの報道に任せ、被災した市民が必要な生活関連情報を伝えることに特化した放送を行った。

　最低限、水と食料が購入できれば、停電、断水が続いていても自宅で生活できるため、市内の各店舗の再開情報を確認し、市から伝えられた給水関連の情報と併せて市民に伝えた。また、リスナーから連絡があった情報については、それが単なる噂でないかどうか局側で確認できるものについては確認し、直接確認できないものについては、リスナーからの情報とことわりを入れた上で放送した。

そして、18日に熊本市長が総務省に申請して臨時災害放送局となり、4月末までの期間、臨時災害放送局としてCM抜きで24時間の災害放送を行った。「震災関連情報を伝えながらその合間に音楽を流すのに、リクエストを受け付けたところ、リスナーからリクエストが殺到し、多くの人が災害放送を聴いていることが確認できた」（長生）という。

総合通信局による臨災局支援と残された課題

　熊本市では、地元のコミュニティFM局の「熊本シティエフエム」による災害放送が市民に必要な情報を伝えたが、他の被災した自治体でも、甲佐町、御船町、益城町でそれぞれ臨時災害放送局が新たに開局した。

　前震、本震とも震源地に近くて大きな被害を受けた益城町では、町が独自に震災関連情報を伝えることができたのは、前震から2週間近く経った27日に臨時災害放送局「ましきさいがいエフエム」が開局してからである。それまでは町民に伝える必要のある情報は、避難所に貼り出すか、災害対策本部で記者会見をしてマスコミに報道してもらうしかなかった。

　当時、益城町復興課広報係長だった遠山伸也によると、「阪神・淡路大震災をきっかけに神戸市で誕生した人と未来防災センターの人たちが支援団体として来て、臨時災害放送局について話をうかがって初めて知った」という。

　そして、益城町で臨時災害放送局を立ち上げることになり、九州総合通信局から送信機とアンテナを貸与されて設置するとともに、放送免許を得るのに必要な陸上無線技術士を紹介してもらい、また県内の大牟田市でコミュニティFM局「FMたんと」の開局支援を行っていた熊本シティエフエムのパーソナリティと長崎県島原市のコミュニティFM局「エフエムしまばら」の放送局長の協力で、スタジオ機材の貸与と技術指導を受けて開局に漕ぎつけた。臨時災害放送局が開局したことを町民に告知するため、各避難所や町内のスーパーにポスターを張り、またボランティアの人たちが口コミで局の存在を伝えた。

　「ましきさいがいエフエム」は、熊本空港のある街の東部を除く町内の8割のエリアをカバーし、復興課広報係の田中康介主査を中心に40数名のボランティアでシフトを組み、1日3回の震災関連情報を伝える放送を行い、その合間に音楽を流した。開局当初は、電気、ガス、水道等のライフラインの復旧等の生活関連情報が中心だったが、その後は徐々に被災した町民が元の生活に戻る

ため、被災者生活再建支援金や仮設住宅への入居手続き等の各種申請に関する情報等を、広報の職員が取捨選択してリスナーに分かりやすい原稿に書き直し、アナウンスを担当するボランティアに渡して放送した。

このように「ましきさいがいエフエム」では、単に防災無線を代替して情報を配信するのではなく、被災した人を和ませたり元気づけたりするコミュニティFM局のようなスタイルの放送を目指し、被災した町民が仮設住宅に移り住み、そこでの生活が落ち着いた2019

益城町保健福祉センターに開局した臨時災害放送局「ましきさいがいエフエム」のスタジオ

年（平成31年）3月まで放送が続けられた。

東日本大震災の経験を経て熊本地震の際には総合通信局が送信機とアンテナを貸与したこともあり、被災した自治体では比較的スムーズに臨時災害放送局を開局することができた。ただ、被災した地域の住民が生活を再建していくプロセスの中で必要とされ、継続して聴かれる放送を行っていくためには、それを担うスタッフの訓練や、相応の局の運営費も必要になる。東日本大震災の際は、日本財団等からの助成や緊急雇用促進事業補助金によるスタッフの人件費の確保ができたが、熊本地震ではそれがない中で新たに開局した臨時災害放送局の運営が行われ、「ましきさいがいエフエム」も3年間放送を続けた後に惜しまれながら放送を終了することとなった。

これまで平成の時代に入って制度化されたコミュニティ放送が、阪神・淡路大震災をきっかけに注目され、中越地震、中越沖地震を経て東日本大震災で臨時災害放送局の果たす役割が広く認知されるようになり、また臨時災害放送局を開局するために増力した出力で災害放送が可能な送信機の確保が重要な課題となることが確認されて、熊本地震の時までに総合通信局の方でそうした送信機やアンテナを貸与する体制が整えられるまでの経過について見てきた。

令和の時代に入って今後新たに起きる大規模災害の際までには、民間に頼らずに国による開局補助金や運営補助金の支援、さらには公共放送であるNHKによる人材派遣や開局支援の仕組みづくりが、新たに求められるのではないだろうか。

　また、災害時におけるコミュニティ放送の有効性が明らかになっても、コミュニティFM局の新規開局には相当額の資本金が必要で、また一定の広告収入が見込めないと局のランニングコストを維持して長期的に放送を行っていくことができず、「FMわぃわぃ」のように閉局に至るケースも生じるので、各地域でコミュニティFM局をいかに成立させるのかということも、永続的な課題として残る。

　第4章では2000年（平成12年）以降、多くの自治体の財政事情が悪化して第三セクターによる開局が難しくなる中、近年、比較的少ない資本金で新たに誕生したコミュニティFM局が、どのような運営の仕組みで平時において地域で必要な放送を行い、地域づくりに寄与しているのか見ていきたい。

（松本　恭幸）

＊1　「FMわぃわぃ」はさらに2019年（平成31年）3月末にサイマル放送での配信を、同年（令和元年）6月末でリスラジでの配信をそれぞれ休止し、現在はリアルタイムでの配信は行わず、オンデマンド配信、ポッドキャスト配信、YouTube配信のみとなっている。

コミュニティFMの変遷 ②

地域づくりの役割をめぐって

はじめに

　前章で見たようにコミュニティFM局は災害時には災害対応の役割が求められるが、平時には地域に密着して地域の情報を必要とする地域の人に伝えるメディアとして、地域づくりの核となる役割が求められる。

　沖縄では今世紀に入ってコミュニティFM局の開局ラッシュが起き、全国の都道府県の中でも人口あたりのコミュニティFM局数が最も多い地域となっている。そして、その多くは「おらが街のコミュニティFM局」で、地域の人から圧倒的な支持を受けている。

　一方、沖縄同様に車社会である北海道では、沖縄よりも早く開局ブームがあったため、この10年で新たに開局したコミュニティFM局は3局だが、その内の2局は観光協会を運営母体としており、今後、地域の人たちだけでなく、インバウンドも含めて放送エリアを訪れる観光客に聴かれる仕組みを構築することができれば、新しいビジネスモデルとなる可能性を秘めている。

　また、沖縄や奄美のような独自の文化を強く持つ地域を除く本土の離島では、地域の情報を伝えるメディアとしてコミュニティFM局が必要とされているにもかかわらず、島の人口やスポンサーの確保が難しい等の問題もあり、開局に至ったところは少ない。

　いずれにせよ、コミュニティFM局を開局して継続して運営していくためには、全国各地でそれぞれの局の置かれた地域の状況は大きく異なり、各地域のリスナーやスポンサーの状況を踏まえた開局に向けた取り組みや開局後の運営が求められる。

この章では、こうした全国各地で地域の情報を地域に伝えることを通して、地域づくりの役割を担っているコミュニティFM局の様々な事例を紹介したい。

1 21世紀の沖縄における開局ラッシュ

県庁所在地に誕生した2局目のコミュニティFM局

2020年（令和2年）末時点で、日本全国に330局のコミュニティFM局があるが、その内の19局が人口140万人余りの沖縄県にあり、沖縄県は全国の都道府県の中で人口あたりのコミュニティFM局の数が最も多い地域となっている。そして特徴的なのは、全国のコミュニティFM局の約4割が20世紀中に開局したのとは対照的に、沖縄県では20世紀に開局したのが現在も存在する局としては糸満市の「FMたまん」のみで[*1]、あとの18局は多くの自治体で財政面での余裕がなくなり第三セクターでのコミュニティFM局立ち上げが困難になった2001年（平成13年）以降、民間で開局した局である。

阪神・淡路大震災後の1990年代後半、主に防災面でラジオの果たす役割に注目した自治体が中心となって、第三セクターによる開局が数多くあり、それが一段落した21世紀に入ってからも新規開局が続いたのは、開局に必要なノウハウが広まり、それまでより少ない資金での開局が容易になったのとともに、地域づくりにおけるコミュニティFM局の果たす役割が、多くの地域で知られるようになったことによる。

沖縄本島では浦添市で2002年（平成14年）1月に「FM21」が、そして7月に県庁所在地の那覇市で「ｆm那覇」が開局したのをかわきりに、島内各地でコミュニティFM局が新たに開局していく。那覇市では「ｆm那覇」開局から4年後の2006年（平成18年）8月、2局目の「FMレキオ」が那覇新都心のおもろまちに誕生した。ちなみに人口32万人程の都市にコミュニティFM局が2局開局するのは、全国でもあまり例がない[*2]。

「FMレキオ」立ち上げのコアメンバーで初代代表の宮城久美子と現代表の又吉かをるは、もともと「FM21」で主に30代以上の中高年層を対象に昭和の時代の懐メロを中心とした音楽を聴かせるといった、他のコミュニティFM局で

はあまり見られない放送を行っていた。そして、より若い世代中心のトーク番組の比率が高い「ｆｍ那覇」とは違った特色の「FM21」のようなコミュニティFM局が、那覇市にもう１局あってもよいのではというリスナーの声を聞き、2004年（平成16年）頃から有志で開局に向けた準備を進め、「FM21」のサポートを得て開局に至った。放送エリアは那覇市を中心とした近隣自治体で、本島最南端の糸満市の一部でも聴取可能である。

「FMレキオ」は那覇市からの広告等のスポンサーシップはないが、市とは防災協定を結び、災害時には緊急告知放送が行われる体制となっている。また、後発局ということもあり、代理店経由の大型スポンサーよりも、個々の番組を持つ地元のミュージシャンを応援する小規模事業者のスポンサーが多いのが特徴である。そして、「FM21」、及び「FM21」の元パーソナリティが中心となって立ち上げた本部町のコミュニティFM局「ちゅらハートエフエム本部」と連携して、３局での共通の番組の放送や、相互にCMスポンサーを紹介する等している

「FMレキオ」では女性が代表を務めていることもあって、主婦層を中心とした女性のボランティアスタッフやパーソナリティが多く集まり、そうした女性目線での番組制作を大切にして、子育て中の主婦から働く女性まで放送に参加しやすいように心がけている。放送される番組の多くはトーク主体ではなく、音楽中心に曲と曲の合間にパーソナリティやゲストが語りたいストーリーを語ったり、街中で拾った様々な人の声を紹介したりする構成の番組となっている。放送で流れるのは昭和の懐メロが中心だが、島唄を始め地元のミュージシャンの曲を流して応援することにも力を入れている。

局のスタジオのある那覇新都心は、30年程前に米軍から返還された土地に新たに誕生したもので、地域の歴史は浅い。「FMレキオ」では、地元の自治会である「那覇新都心通り会」が企画するお祭り等のイベントの際に、司会や音響関連の仕事を引き受け、地元のラジオ局として地域を盛り上げることに取り組んでいる。そして、那覇新都心には沖縄県立博物館・美術館があり、それをサポートするNPO法人沖縄県立美術館支援会happという市民団体が取り組むアートを活用したまちづくり活動についても、「FMレキオ」では協力して番組や局のサイトで紹介し、地域に密着したコミュニティFM局を目指して取り組んでいる。

人の繋がりを通した新たな開局

　「FMレキオ」開局から１年半余り後の2008年（平成20年）３月、那覇市の南に
隣接する豊見城市で、「FMとよみ」が開局した。

　「FMとよみ」代表取締役の安慶名雅明は、システムエンジニアから沖縄本島
南部の糸満市のコミュニティFM局「FMたまん」に転職して約４年半、コミュ
ニティ放送の基礎について地域の市民との関わり方等を含めて学んだ後、２年
余りのCATV向け番組制作の仕事を経て、那覇と糸満の間に位置する豊見城市
でコミュニティFM局の立ち上げを構想した。そして、地元商工会の賛同を得
て出資を受け、また自身でも農協から借金をして資本金を集め、２年近い準備
期間をかけて開局にこぎつけた。現在、本社と４つのサテライトスタジオから
放送を行っている。

　豊見城市は那覇市のベッドタウンとなっており、そのため朝７時から10時ま
での時間帯は那覇に通勤で向かう市民を主な対象に、彼らが最も知りたい告別
式の情報を含む放送エリア内の地元の話題を独自取材も交えて真っ先に伝え、
一方、他局でも放送する沖縄県、あるいは全国の話題は優先順位を下げて放送
している。局のスタッフ以外に、100名以上の豊見城市とその周辺地域のボラ
ンティアの市民が放送に関わっており、多くの番組で地元の市民が地域の情報
を必要とする人に伝えている点が、音楽放送中心の「FMレキオ」と異なる点だ
ろう。自社で所有する中継車を活用して、地元の少年野球やお祭りの生中継等、
地域に密着した放送を行うことに注力している

　また、台風等の災害発生時の放送にも力を入れており、地元のタクシー会社
に運転手から集まる市内各地の道路状況を放送するとともに、豊見城市と災害
時において「FMとよみ」が所有する赤外線カメラ内蔵のドローンを活用した
情報収集に関する協定を結んでいる。

　この「FMとよみ」の経験を受け継いで開局したのが、沖縄本島中部の読谷村
の「FMよみたん」と北部の名護市の「FMやんばる」である。開局を控えた
「FMとよみ」が地元の琉球新報の記事で紹介された際、読谷村でコミュニティ
FM局を開局しようとしていた仲宗根朝治（「FMよみたん」代表取締役）は、その
記事を読んで安慶名のもとを訪れてコミュニティFM局の立ち上げに必要なア
ドバイスを受け、2008年（平成20年）11月に「FMよみたん」は開局した。その

2年後、今度は名護市でコミュニティFM局の開局を目指す上間厚勇（元「FMやんばる」代表取締役）が安慶名のもとを訪れ、同様に必要なアドバイスを受け、2012年（平成24年）1月に「FMやんばる」も開局した。

この「FMやんばる」を立ち上げた上間はかつてのラジオの深夜放送世代で、大学卒業後、那覇で保険会社の営業を勤めた後に早期退職し、生まれ育った名護に戻って自らの退職金をもとに地元でラジオ局を立ち上げてパーソナリティとして放送に携わることを構想した。そして、「FMとよみ」だけでなく「FMよみたん」からも、開局に至るまでのプロセスとその後の運営について様々なアドバイスや支援を受け、また地元で市や商工会や観光協会から応援され、名護の中心市街地にある市場の一角に拠点を置いて、約2年がかりで開局に至った。

「FMやんばる」の放送エリアは、名護市を中心に北は大宜味村、南は恩納村辺りまで沖縄本島の西海岸を南北に広がっている。現在、局のスタッフと50名余りの地元のボランティアの市民で放送を行っており、「FMとよみ」同様、市民パーソナリティの多くが地域の様々な話題を届けてリスナーと共有する放送を行っている。

「FMやんばる」では、地域に密着した放送で地域を盛り上げることを目指しており、過去には全て名護産の食材で作ったチャリティーカレーを販売し、それを「地産地消で35時間チャリティーラジオ」という番組で放送してPRするとともに、そうしたカレーの売上げとその他のリサイクル活動の売上げをもとに、「地産地消」をテーマにした紙芝居を制作して、市内の保育園に贈って子どもたち向けに利用してもらう取り組みを行った。

また、2015年（平成27年）11月から、名護の中心市街地活性化に向けて、YANDOカードというリ

ＦＭやんばるのスタジオの様子

スナー会員カードを発行している。リスナーは年会費なしで入会することがで

き、地元の加盟店は毎日の放送の中で店の告知をして、その店を訪れるリスナーがカードを提示すると、プラスαのサービスが受けられるという仕組みで、放送をハブに地域経済を循環させる取り組みも行っている。

　このように沖縄県では21世紀に入り、地域づくりの手段としてコミュニティFM局が注目される中、単に車社会でカーラジオのニーズがあるだけでなく、ウチナンチューのコミュニティでの人の繋がりによって、開局や運営のノウハウが必要な人に伝わり、短期間で県内11の市全て（那覇、沖縄、宜野湾の３市には２局）と、さらに５つの町村でコミュニティFM局が開局し、いずれの局でも地域に根差した放送が行われるに至った。

　次にこうした沖縄県の地域に密着したコミュニティFM局がどんな取り組みをしているのか、19局の中で唯一、読谷村という村にある「FMよみたん」の事例を紹介したい。

2 おらが街のコミュニティFM局

聴取率83.7％のコミュニティFM局

　沖縄本島中部の西海岸に位置する読谷村は、日本で最も多い４万1000人余りの人口を抱える村である。ここで2008年（平成20年）11月に開局したのが、「FMよみたん」である。2014年（平成26年）10月に中京大学現代社会学部の加藤晴明研究室がよみたん祭りの会場で行ったリスナー調査では、村民の聴取率が83.7％とコミュニティFM局としては異例の高い数字となっている。その放送は村内の若年層からシニア層までまんべんなく聴かれ、放送エリアは周辺の嘉手納町、北谷町、宜野湾市等の自治体に広がっている。

　代表取締役社長の仲宗根朝治によると、読谷村でコミュニティFM局開局の構想が生まれたのは、開局前年の2007年（平成19年）６月である。たまたま仲宗根の前職の会社が倒産し、今後の身の振り方について高校の先輩だった当時の副村長のところに相談に行った際、村内で放送局を立ち上げてみてはどうかと示唆された。仲宗根自身、高校時代は無線部でアマチュア無線をやっていたこともあって関心を持ち、翌７月から開局に向けた準備がスタートした。

仲宗根自身、読谷村商工会が1991年から2001年にかけて行った地域づくりの担い手を育てる「むらおこし塾」の第3期生で、そのネットワークや前職の取引先のネットワークを活用し、自身の100万円の出資と併せて、村の職員を含む41の株主から1550万円の資本金を集め、また豊見城市のコミュニティFM局「FMとよみ」に通って放送を行う上で必要なノウハウについて学んだ。

　そして、村議会の承認を得て、2008年（平成20年）8月に運営会社が設立された。専従スタッフは仲宗根を含む2名で、これに50名余りの地元のボランティアパーソナリティが加わり、読谷村が誕生して100周年の節目となる同年11月の「読谷まつり」に合わせて開局し、その会場から中継を行うことで、多くの村民に認知される存在となった。

　「FMよみたん」では、資本金の多くを放送に必要な機材や設備の導入に使ったため、開局した翌月には、資本金は500万円余りまで減少する。そのため開局早々から仲宗根は、午前に自分の担当する番組の放送を終えた後、午後は自ら村内を広告営業でまわった。年間1000万円程の売上げがあれば人件費を中心とした局の運営費を賄うことができるため、読谷村には翌年度から「読谷村役場からのお知らせ」という5分間の番組（週5回で月25万円）を放送する広報予算を組んでもらい、残りを放送が聴ける周辺の自治体を含めた地元の小規模な事業所をまわって、CMスポンサーの獲得に努めた。

　「新たに誕生したコミュニティFM局が営業活動を行う上で、局に対するクライアントの信頼が重要で、そのため自治体の情報発信に力を入れ、村長、議員を始め、役場の各部署の職員を招いて、番組の中で様々な行政の取り組みについて話をしてもらうことで、クライアントの信頼を得るとともに役場職員の情報発信力も拡大し、自治体と局とのパートナーシップ関係も強化された」（仲宗根）という。

　また、CM獲得と連動する聴取率のアップに向けてリスナーを増やすべく、局自体の存在を多くの人に知ってもらう広報に力を入れ、「FMよみたん」のシャツを着たトライクでの営業、広告のバーターによる新聞等の他メディアや道の駅のサイネージへの露出、周波数の78.6MHzを伝えるチラシ、マスコットキャラクター、テーマソング等の制作を行った。こうした活動を通して、リスナーとCMスポンサーの数は増え、近年では年間売上げ3500万円以上に達し、それを株主に還元するのではなく地域に還元するため、新たなスタッフの雇用や事業拡大に充て、現在、アルバイトを含めて15名余りのスタッフを抱えるよう

になった。

地域に密着した様々な取り組み

　「FMよみたん」がラジオに加えて、新たなメディア事業としてスタートしたのが、ネットのライブ映像配信である。開局1年後の2009年（平成21年）11月に1台のパソコンとウェブカメラでスタートしたインターネット放送局「YOUTV」は、2016年（平成28年）4月に現在の読谷村地域振興センターに局が移転した際、新たにテレビスタジオを整備し、ラジオの電波の届かない地域へ読谷村の様々な情報を発信する取り組みとして本格化した。

　「YOUTV」では、読谷まつりや読谷村ハーリー大会のような地域のイベントから関西読谷郷友会のような読谷村と関わりのある域外のイベントまでライブ中継するだけでなく、配信した番組をYouTubeでアーカイブしており、沖縄だけでなく本土や海外に移住したウチナーンチューからも好評で多くのアクセスがある。

　「FMよみたん」では現在、80余りの番組が局のスタッフと150名余りのボランティアパーソナリティの手で放送されている。他の多くのコミュニティFM局のよ

「ＦＭよみたん」の映像スタジオ

うに中高年層を主なターゲットにした編成をいっさい考えず、ボランティアパーソナリティを希望する地元の人なら誰でも自由に放送できるよう、番組枠を開放している。これは「FMよみたん」を、「今後100年続く地域の情報を地域の人たちが自分たちの手で発信する企業にするために、これからの若い世代を含むあらゆる層の人たちが情報発信者になることが必要」（仲宗根）という考えによる。そして実際、中学生から70代のシニア層までの世代が情報発信者となる

ことで、リスナーの裾野もまんべんなく広がり、それが聴取率83.7％という結果につながるとともに、災害時には読谷村のあらゆる人が、ラジオのチューナーを「FMよみたん」に合わせることへとつながっていく。

「FMよみたん」では、ボランティアパーソナリティによるオールジャンルの放送を通して、個々のパーソナリティが自らの個性を活かした魅力的な放送を行うことで、番組を通して繋がるリスナーを育もうとしている。こうしたボランティアパーソナリティは現在、3か月に一度の番組改編時に番組枠に空きが出た際、その時間帯を希望してエントリーしている人に新たに入ってもらう形で対応している。ただ、多くのボランティアパーソナリティは番組を継続するため、希望する時間帯によっては1年以上待つケースもある。

番組を担当することが決まったボランティアパーソナリティは全員、4時間の研修を受ける。最初の1時間は、「FMよみたん」の概要や放送についての説明で、その際にボランティアパーソナリティの守るルールについて同意書に署名捺印してもらう。次の1時間はミキサーの使い方についての講習、その次の1時間は番組の構成についての講習が行われる。「FMよみたん」ではCMの放送時間があらかじめ確定しており、ボランティアパーソナリティはそれに合わせてトークを行い、曲を流さなければならない。そして最後の1時間は、実際に放送中のスタジオに入ってその進行を確認する。

こうした研修を受けた後、ボランティアパーソナリティは自らの番組を担当することになるが、番組が継続して長続きすることでリスナーのコミュニティが広がることから、ボランティアパーソナリティが日常生活の中でどうしても都合がつかない時は、番組を休むことも認められている。その際は臨時の音楽放送に切り替わるが、そこで流す曲は番組のイメージにあったものを局のスタッフが選んで提供する。

読谷村では以前から那覇やその他の地域のラジオ放送が障害物のない海を経由して直接入ってくるため、多くの人がラジオを聴く習慣があったが、そんなある意味で他局と競合する環境の中、「FMよみたん」が圧倒的な聴取率を獲得するに至ったのは、他局では放送されることのない読谷村の行政情報、あるいは地元のニュースや学校、自治会等のローカルな情報を、丹念に発信してきたことによる。

そして、沖縄を直撃する台風の際には、読谷村役場や読谷村を管轄する嘉手納警察署と防災協定を結んでいる「FMよみたん」が、24時間体制で村内の道路

交通情報や様々な防災・減災関連情報を放送し、多くの世帯が「FMよみたん」にラジオのチューナーを合わせる。また、村民が亡くなった際には、毎朝のお悔やみ放送でその情報を伝え、多くの世帯では「FMよみたん」のお悔やみ放送をチェックしている。

　このように読谷村内で「FMよみたん」の放送を通した情報の共有が進み、リスナーや番組を支えるCMスポンサーの数もある意味で飽和状態になる中、これからの新たな局の発展の方向とし、読谷村の情報を村内だけでなく、広く村外にも発信することが構想されている。

　もともと、「FMよみたん」は開局前に観光ラジオの機能を持たせることが構想されており、現在も毎日朝9時から約1時間、「観光情報番組よみたんラジオ」という番組が、主にレンタカーで読谷村内をまわる観光客向けに放送されている。そして、2018年（平成30年）8月にはスマホ向けに「FMよみたんアプリ」をリリースし、読谷村を訪れるスマホを頻繁に使う若い世代の観光客向けに、「YOUTV」の映像で読谷村の魅力を伝えていこうとしている。

　さらに、「FMよみたん」では、サイトでネットショッピングを開始しており、ふるさと納税の返礼品として話題となっている特産品を中心に扱っているが、将来的には村内の村民も対象にした生活雑貨等の日曜品まで拡大し、その収益で局の情報発信事業を強化していく構想もある。

　以上、地域に密着した「FMよみたん」の取り組みについて見てきたが、「FMよみたん」に限らず沖縄県の多くのコミュニティFM局が、こうした従来の地域コミュニティのラジオ局の枠を超えて地域に密着した様々な取り組みを展開することで、ある意味で「おらが街の放送局」として地元の多くのリスナーからの支持を受けて放送を行っている。

3 観光協会が運営するコミュニティFM局

オフトーク通信に代わる町民参加型メディアとして

　現在、都道府県の中で沖縄県の19局を上回る数のコミュニティFM局を抱えているのが北海道で28局ある。北海道も沖縄県同様に車社会でカーラジオのニ

ーズが比較的高いが、ただ沖縄県よりも早く人口減少が始まったこともあり、沖縄県では2011年以降に誕生した局が7局*3あるのに対し、北海道で同時期に誕生したのは3局しかない。その内、ニセコ町の「ラジオニセコ」、伊達市の「wi-radio」の2局は、運営母体が地元の観光協会であるのが特徴的である。

ニセコ町ではかつての有線放送電話や同報無線を継承したオフトーク通信が2008年（平成20年）に終了した後、防災面等も含めた地域の情報を伝えるメディアは、町が毎月発行する広報誌のみとなり、特にお悔やみ情報のような速報性を必要とするものは、新聞折り込みを通して伝えるしかなくなった。そのため全国初の自治体基本条例となる「ニセコまちづくり基本条例」を策定し、住民との情報共有や住民参加型まちづくりを制度として保障している自治体として、オフトーク通信に代わる新たな町民参加型の地域メディアを求めた。そして、広大なエリアに人口5000人弱で、かつ高齢化が進んでネットを使わない町民が多いことから、翌2009年（平成21年）にはコミュニティFM局の立ち上げを検討するようになった。

2010年（平成22年）に札幌市西区でコミュニティFM局「三角山放送局」を運営する「らむれす」に委託し、開局に向けた調査を行った。そして、2011年（平成23年）6月に「第1回コミュニティFM放送局検討会議」が開催された。人口1万5000人余りの隣の倶知安町で、2006年（平成18年）12月に開局した「FMニセコ」が、開局からわずか9か月で放送を終了した過去があり、ニセコ町では当初から純民間でのコミュニティFM局の運営は不可能と判断した。そして、ニセコ町でコミュニティFM局を持続して運営していくために、第三セクターのニセコリゾート観光協会に放送業務を委託し、それを町が支援していく形にした。

また、熊本県小国町の第三セクターが運営するコミュニティFM局「グリーンポケット」、鹿児島県宇検村のNPO法人が運営するコミュニティFM局「エフエムうけん」のような、人口1万人以下の小規模自治体のコミュニティFM局を視察し、公設民営の局でボランティアの住民中心にどのように放送が行われているのかを視察した。そして、それまでNHK以外にラジオの電波がほとんど入らずにラジオを聴く習慣のなかった町民を対象に、ラジオについて学ぶニセコラジオ塾という講座を、様々なラジオの専門家の方をゲストに招いて開催し、ここに集まった町民の多くが、その後、ボランティアパーソナリティとして活躍することになる。

2012年（平成24年）3月に開局した「ラジオニセコ」は、放送エリアとなるニセコ町内のほぼ全域、及び隣接する倶知安町、蘭越町の一部で聴くことができる。ニセコ町の方で全町民世帯に1台、ラジオを配布したこともあり、町内で局の存在を知らない人はおらず、2014年（平成26年）に行った調査では聴取率64.5%を記録した。特に、カーラジオ以外では、高齢者や主婦の方が自宅で聴いたり、自営業者が職場で聴いたりするケースが多いという。

ニセコ町も町民への行政情報を始めとする様々な情報の伝達に「ニセコラジオ」を活用しており、町民からの結婚、出産、死亡等の各種届けの際、他の町民に伝えるのに「ラジオニセコ」での放送を希望するかどうか確認し、希望があったものについては局に伝えて放送している。

ニセコ町が町民に配布している緊急告知防災ラジオ

「ラジオニセコ」は第三セクターのニセコリゾート観光協会の一事業部門だが、放送事業は総務や経理関係も含めて独立して運営されている。スタジオはJRニセコ駅の駅前に町が建設し、その設備管理費と行政情報を放送する費用として年間2000万円を町がニセコリゾート観光協会に毎年支払うことを約束し、これに局が独自に稼ぐ年間300〜400万円程度の広告収入を加えた予算で放送が行われている。建物から放送設備まで全てニセコ町が所有しているため、固定資産や減価償却は存在しない。

スタッフは（多少の入れ替わりはあったが）基本3人体制で、他にボランティアの町民の協力を得て放送を行っている。スタッフは開局前に札幌市の「三角山放送局」で、パーソナリティとしての放送やミキサーの操作の仕方から広告営業や総務省への各種申請書類の書き方に至るまで研修を受け、それと併行して開局に向けた準備作業を行った。番組の編成や広告料金の設定については、全てリスナーとなるニセコ町民の生活時間やスポンサーとなる地元の事業者の懐

事情を調べて設定した。

　「ラジオニセコ」では「聞くだけじゃない、出るラジオ」をコンセプトに、町民が番組に出演するための放送を行い、町民が出られない時間帯を局のスタッフが担当するというスタンスで放送している。町民のボランティアパーソナリティは、トークやミキサーを相互に協力して行いながら放送している。また、他のコミュニティ FM にない特徴として、「ラジオニセコ放送劇団」、「ラジオニセコ放送楽団」がある。

　「ラジオニセコ放送劇団」は、開局後の2012年（平成24年）5月、当時の木原くみこ局長の発案で町民によるラジオドラマを制作するためのメンバー募集を開始し、同年7月に小学生からシニアまでの様々なメンバーが参加して設立された。また、「ラジオニセコ放送楽団」は、音楽制作に関心のある町民ボランティアが、「ラジオニセコ」で放送する BGM やテーマソングを制作する活動が発展して誕生した。

　このように「ラジオニセコ」では、町民参加の地域に密着した放送を行っているが、経営面ではニセコ町からの年間2000万円の固定収入を除くと、ニセコ町の主要産業である観光関連の事業者は、他所からの観光客を相手にしたビジネスのため、地元でラジオ CM を流す必要がなく、CM スポンサーとなる事業者が限られるという状況にある。CM スポンサーの多くは地元の商店等の事業者で、他にお祭り等のイベント関連の収入もあるが、今後は他の地域の観光事業者に、ニセコに来る観光客を対象に、CM を流してもらい、新たな CM 収入を確保することが課題となっている。

　だが、ニセコに限らずどの観光地のコミュニティ FM 局でも、観光客をリスナーに取り込むことには苦戦しており、また少ないスタッフで他所へ営業に出かけるのにも限界がある。そのためもう1つの方法として、室蘭市の「FM びゅー」や函館市の「FM いるか」等の比較的近隣のコミュニティ FM 局と提携し、地元で相手先の局を含めた CM 営業や共同での番組制作を進めようとしている。

　ただ、経営面での課題はあるものの、ニセコ町で「ラジオニセコ」が誕生したことで起きた大きな地域の変化は、ラジオ放送を核に個々の出演者同士を繋ぐ新たなコミュニティがいくつも誕生し、それが地域活性化に向けて様々な形で機能するようになったことである。すなわち、「ラジオニセコ」は単に町民が必要とする情報を伝えるだけでなく、ボランティアパーソナリティや「ラジオニセコ放送劇団」、「ラジオニセコ放送楽団」を含め、多くの町民が番組に出演

することを通して、新たな繋がりやより深い関係性を構築することになり、そこでこれからのニセコ町を盛り上げていくための様々なコミュニケーションが育まれていくことになった。「ラジオニセコ」は、放送を通して地域コミュニティに情報を伝えるだけでなく、放送を通して地域コミュニティをつくるという点で、大きな役割を担っている。

第三セクターに代わる公設民営局

「ラジオニセコ」は、自治体が運営するわけにはいかず、純民間で立ち上げる地盤も地元にないため、観光協会が委託されて運営している。この「ラジオニセコ」と番組制作やCM営業で提携する室蘭市のコミュニティFM局「FMびゅー」が立ち上げに協力して2015年（平成27年）4月に開局した伊達市のコミュニティFM局「wi-radio」も、ニセコ町同様に観光協会に委託して運営されており、「FMびゅー」とサイマル放送を行い、一部の番組を「wi-radio」で自主制作している。

「FMびゅー」について見て行くと、開局したのは2008（平成20年）8月である。ただ、室蘭市でコミュニティFM局の立ち上げに向けた動きがスタートしたのは今世紀初頭で、2001年（平成13年）12月に市民の有志によるまちづくり団体「ぼこいふじエンターテイメント」が、コミュニティFM局を目指してインターネットラジオによる放送をスタートした。

「FMびゅー」の沼田勇也代表取締役社長によると、「ぼこいふじエンターテイメント」ではコミュニティFM局立ち上げに向けてアンケート調査やイベント等を開催して市民の機運を高め、2007年（平成19年）11月に開局に向けて会社を設立した。沼田は市長や議員や青年会議所の紹介で、市内の多くの企業、団体、個人をまわって、2000万円の出資金を集めた。また当時、コミュニティFM局立ち上げの準備をしていた苫小牧市のミニFM局「ゆのみラジオ」や北海道内各地のコミュニティFM局をまわって開局に必要な情報を集めるとともに、ラジオの様々な分野の専門家を招いて勉強会を開催した。

放送エリアとなる室蘭市、登別市では、それまでコミュニティFMの放送を聴いたことのある人がほとんどおらず、コミュニティFM局という存在について知られていなかったため、地域の人や暮らしに関する情報を伝えるとともに市民が放送に参加できるこれまでにないラジオ局が新たに誕生することをPR

した。局のスタッフ以外に、ボランティアスタッフとなる市民は、沼田が北海道内のコミュニティ FM 局をまわってヒアリングしたことをもとに 3 時間の講習カリキュラムを作成し、これを受講して番組制作から放送法に至るまで理解して番組を担当できるようにした。

　開局当初は「ぽこいふじエンターテイメント」が「FM びゅー」のサポート団体としてボランティアスタッフの受け皿となっていたが、2012 年（平成24年）6月で解散して新たに「FM びゅー」内のサポート組織「追い風」に再編し、そしてその中に「追い風プラス」というボランティアスタッフの組織ができて、こちらに所属するボランティアスタッフが、番組制作やイベントの運営に参加している。

　「FM びゅー」は今日、地元で最もよく聴かれているラジオ局となった。ただ、放送エリア内に登別の温泉街のような観光地を抱えるものの、「ラジオニセコ」同様、観光客にはあまり聴かれていないのが現状である。

　そして、もともと市民のまちづくり団体が、地元の面白さをそこで暮らす人たちが理解することで地域が活気づき、それが他所から多くの人を呼び込むことにもつながると考え、ラジオを通してそれを実現しようとしたのが局の出発点であることから、「ラジオニセコ」のように多くの市民が番組出演や番組制作に関わることを通して、地域に密着した放送に取り組んでいる。年間売上げは5000万円前後で推移しているが、長期不況により地域経済が疲弊する中で今後の拡大が期待できないため、「ラジオニセコ」や「FM いるか」等の他局と共同営業での CM 営業や番組制作を手掛けていこうとしている。

　「FM びゅー」の放送エリアは室蘭市、登別市、及び2012 年（平成24年）8月に中継局ができたことで伊達市の一部に広がったが、これにその周辺の豊浦町、壮瞥町、洞爺湖町を加えた 3 市 3 町は西胆振地域と呼ばれ、その地域で暮らす人々にとって一体となった生活圏を形成している。そのため「FM びゅー」の放送を聴きたいというニーズは、開局後、放送エリア外の伊達市とその北側に位置する豊浦町、壮瞥町、洞爺湖町の住民の間に広まっていった。

　また、この地域では2000 年（平成12年）3月に発生した有珠山噴火の際に、地域の住民に必要な災害関連情報を伝える臨時災害放送局「FM レイクトピア」が、当時の虻田町（現在、洞爺湖町）に開局し、同年5月から翌2001 年（平成13年）3月まで放送を行った歴史がある。そして、上記の 1 市 3 町が参加する有珠火山防災会議協議会で、今後の有珠山噴火の際に防災面でのラジオの有効性につい

て議論されたことから、「FMびゅー」に対して相談があり、その流れで「FMびゅー」とサイマル放送を行う新たなコミュニティFM局開局に向けた計画が、2014年（平成26年）に具体化した。

　行政主導で開局するため、「ラジオニセコ」をモデルに公設民営で局の施設や設備を整え、運営を伊達市のNPO法人だて観光協会に委託し、それを「FMびゅー」が全面的に支援する形にした。また、開局に向けて沼田は、既に3つの局でサイマル放送を行っている鹿児島県鹿屋市のNPO法人おおすみ半島コミュニティ放送ネットワークを視察した。

　そして、2015年（平成27年）4月に開局した「wi-radio」は、当初、専従のスタッフを置かず、観光協会の職員が兼務する形で運営していたが、2016年（平成28年）4月からパートでスタッフを1人置く形にした。また、「FMびゅー」が開局した時と同様にボランティアスタッフを募集したが、「ぽこいふじエンターテイメント」のような番組制作経験を持った市民のネットワークがないためほとんどゼロからの出発となった。有珠山が再度噴火する前までに、地元で取材して必要な情報を伝えることのできる市民のボランティアスタッフをどう育てていくかが課題となっている。

　以上、「ラジオニセコ」、「FMびゅー」、「wi-radio」の取り組みについて見てきたが、北海道経済の長期低迷もあって2008年を最後にほぼ民間のコミュニティFM局の新規開局が終了し、また、その前後に倶知安町の「FMニセコ」、札幌市南区の「Green FM」といった純民間局が経営難で廃局する中、近年、自治体主導による公設で運営を第三セクターや地元のNPOに委託する方式で、地域づくりや防災を目的に2つの局が誕生したことは、これからのコミュニティFM局開局の潮流として注目したい。

　特に、ここで紹介したコミュニティFM局はいずれも観光協会を運営母体としているが、今後、インバウンドも含めてその放送エリアを訪れる観光客に聴かれる仕組みを構築することができれば、それが新しい収入源になるとともに、他の地域での同様のビジネスモデルによる開局を後押しすることへとつながろう。

4 離島でのコミュニティ FM 局開局

苦戦する NPO による開局

　これまで47都道府県の中でも最もコミュニティ局の数が多い北海道と沖縄での開局事情について見てきたが、近年の他の地域の開局事情について見ていきたい。

　21世紀に入って、2003年（平成15年）の「京都三条ラジオカフェ」をかわきりに多くのNPO法人を母体とするコミュニティ FM 局が誕生した。NPO法人による開局は、地元に大口のスポンサーがいなくても、市民から広く資金を集めることで開局が可能だが、特に離島のように地域の情報を地域に伝えるメディアが必要とされながらも、地域内の人口規模等の問題もあって実現しない地域も多い。

　現在、沖縄と奄美といった独自の文化を強く持つ地域を除く本土の離島でコミュニティ FM 局があるのは、長崎県の壱岐で2011年（平成23年）に開局した「壱岐エフエム」と、熊本県の天草で2017年（平成29年）に開局した「みつばちFM」の２局のみで、いずれも地元のCATV局が開局に関わる形で誕生している。

　そんな中、本土の離島で３番目の開局を目指して独自に準備を進めているのが、鹿児島県の種子島のNPO法人ガジュマル種子島が構想する「FMたねがしま」である。鹿児島県の大隅半島の南40キロのところに位置する種子島は、人口２万9000人余りの南北に長い島で、北から西之表市、中種町、南種町の１市２町があるが、この北部の西之表市で、コミュニティ FM 局「FMたねがしま」開局に向けて、2012年（平成24年）９月にNPO法人ガジュマル種子島が設立された。

　20年前にサーファーとして種子島に来て定住したガジュマル種子島理事長の副島龍策は、その後、DJとなってレゲエやヒップホップについて学ぶため４年間、ニューヨークとジャマイカに滞在したが、そこで日本以上に多くの人に熱心に聴かれているラジオの魅力に触れ、帰国後に種子島でラジオ局を立ち上げようと考えた。そして、2011年（平成23年）３月に、奄美大島の奄美市、大和村

を放送エリアとする「あまみエフエム」、宇検村を放送エリアとする「エフエムうけん」に調査に行って、コミュニティFMの仕組みについて学び、その後、有志を募ってコミュニティFM局開局に向けた活動を行うためNPO法人を設立した。

NPO法人での開局を目指したのは、「あまみエフエム」、「エフエムうけん」での調査を通して、離島では広く行政や地元市民の支援を受けて開局す

ＮＰＯ法人ガジュマル種子島の副島龍策代表理事

るのがベストと判断したことによる。

　その後、2013年（平成25年）12月に奄美大島で「エフエムうけん」開局に関わった宇検村の職員、島内の龍郷町でコミュニティFM局「エフエムたつごう」を開局しようとしていたNPO法人コミュニティらじおさぽーたのスタッフを講師に招き、西之表市の行政、商工会、商店街、NPO等の関係者を集めて勉強会を開催した。また、2015年（平成27年）11月に国民文化祭のイベントが西之表市で開催された際、ミニFMによる試験放送で中継を行った。

　そして、2016年（平成28年）2月にFMたねがしま設立準備委員会が発足し、同年12月に奄美大島から「あまみエフエム」を運営するNPO法人ディの麓憲吾代表理事を招いて、「地域におけるFM放送導入の意義とは」をテーマにしたシンポジウムをFMたねがしま設立準備委員会主催で開催した。

　種子島では翌2017年（平成29年）3月の市長選挙で元新聞記者だった候補者が当選し、「新しい市長は、大規模災害時におけるラジオというメディアの果たす役割について、防災無線とともに関心を持っている」（副島）という。だが、自治体や多くの地元市民からの支持を得ても、種子島での通常の商業ベースでのコミュニティFM局の運営には様々な困難が予想され、またクラウドファンディングによる初期費用の確保も、高齢者の多い島ではクラウドファンディングの仕組み自体がほとんど認知されていないこともあって当初期待したように進

まず、設立準備委員会発足時に目標に掲げた2016年内に放送免許の申請をして、2017年に開局の予定は今日に至るまで大幅に遅れている。

　そのため、ガジュマル種子島では、現在、開局に向けた大口スポンサーの確保と併せて、他の鹿児島県内のコミュニティFM局の「たるみずコミュニティエフエム」（垂水市）、「あいらびゅーエフエム」（始良市）のような形で、自治体が初期費用を負担して必要な設備を導入し、その運営を民間で行う公設民営方式による立ち上げの可能性を探っている。

　また、「FMたねがしま」を立ち上げて放送を行っていく上で、防災面を考えると局の立地はなるべく海抜の高い場所が望ましいが、それとは別に島の人たち、あるいは島を訪れる観光客等に局の存在を認知してもらうため、西之表市の中心市街地でのサテライトスタジオの確保を考えているものの、市内の空き店舗の多くが住居として使われていて、放送を行う場所もまだ決まっていない状態である。

　このままだと「FMたねがしま」の開局はまだ当分先となる見通しだが、他に自治体の広報誌以外に地域メディアのない種子島で、地域コミュニティの情報を発信・共有するメディアへの需要は高く、今後、「FMたねがしま」が行政からの支援を得て、無事開局に至ることが期待されている。

CATV局による開局

　種子島ではNPO法人によるコミュニティFM局の開局が苦戦を強いられているが、一方、離島でCATV局が母体となって比較的すんなり開局したコミュニティFM局の事例として、天草市のCATV局の天草ケーブルネットワークが運営する「みつばちラジオ」についても触れておきたい。

　天草ケーブルネットワークは開局以来、離島のCATV局としてコミュニティチャンネルで地域の情報を地域に伝えるとともに、防災面にも力を入れる中、東日本大震災をきっかけに大規模災害時にCATVの回線が切断された場合に備え、コミュニティFM局を兼営で開局することを考えた。同社メディア事業部部長の芥川琢哉によると、同社の社長が被災地にボランティアに行き、現地で被災者に必要な情報を伝える臨時災害放送局の取り組みを知ったことが背景にある。

　震災後の2012年（平成24年）から天草ケーブルネットワークの社内でコミュニ

ティFMに関する情報収集がスタートし、そして2014年（平成26年）3月の市長選で市長が交代してから、防災無線に加えてラジオを活用した防災に取り組もうとする新市長のもとで、同年5月に地元市民によるコミュニティFM局の開局に向けた勉強会が正式にスタートした。「当時はスマホが普及する中で税金を使ってラジオ局を開局することに疑問を持つ市民の声もあったが、2016年（平成28年）4月の熊本地震でコミュニティFM局の開局に向けた機運が高まった」（芥川）という。

　そして、2017年（平成29年）12月、「みつばちラジオ」は公設民営方式で、天草市がスタジオの機材や送信所等を整備し、天草ケーブルネットワークに運営を委託する形で開局した。「みつばちラジオ」では、親局以外に8か所の中継局を設置しているが、地形が複雑な天草市では、人口の75％余りしかカバーできず、それに加えてネットで「FM++」によるサイマル放送を行っている。また、天草市以外に上天草市、苓北町、島原半島の一部でも「みつばちラジオ」の放送を聴くことができ、聴取可能人口は10万人近くになる。「局に寄せられたリスナーのメールから推測すると、リスナーの中心は30代以上で、車での通勤途中、あるいは農家や自営業の人が仕事中に聴いているケースが多い」（芥川）という。

　「みつばちラジオ」は公設民営で誕生したため、「声の市政だより天草」、「市役所からのお知らせ」等、天草市の情報番組を朝・昼・夜に放送しており、年間売上げの約3分の1を、天草市からのスポンサー収入で補い、残りを地元の事業者からのスポットCMの広告収入で賄っている。こちらはCATVのコミュニティチャンネルのCMと比べると、着実にスポンサーを確保している。

　編成面では平日の朝5時から夕方19時までの時間、主に自主制作番組中心に組まれ、演歌や歌謡曲、そして市民をゲストに招いて話をうかがう番組を除いて、熊本日日新聞から配信される天草のニュースを始めとする様々な地元の情報を伝える番組が生放送されている。市民パーソナリティと社員パーソナリティやミキサー担当で協力してこうした情報番組を放送しており、市民パーソナリティは、開局前と番組改編時に募集し、ほぼ全員が地元在住だが、その半分は天草出身ではなく、天草に嫁いで来た、あるいは夫の転勤等で天草に移住した女性である。「天草出身者でない市民パーソナリティは、地元の人がなかなか気付かない他所の地域と比較した天草の魅力を、改めてリスナーに伝えることができる」（芥川）という。

他にも地元の高校生が将来を考えるため様々な職業の人をゲストに招いて話を聞く番組、天草ご当地アイドルが自ら企画する番組、地元の子育てNPOが子育て情報を伝える番組等が、夜の時間帯に市民からの持ち込みでスタートした。

　「みつばちラジオ」が開局して大きく変わったのは、これまで県域局のラジオの電波がほとんど入らなかった地域でラジオが聴かれるようになったこと、そして、「地元で開催される様々なイベントについて事前に主催者を招いて番組で告知するとともに、当日も電話中継して参加を呼びかけたりするため、集客面で以前よりも参加者が増えている」(芥川)ことだという。

　このように2017年(平成29年)に開局した「みつばちラジオ」の放送は、番組改変に合わせた番組表の市内の全戸配布等もあって地域に浸透し、現在、天草市で多くのリスナーを抱える地域にとって不可欠のメディアとなっている。

5 近年開局したコミュニティFM局の運営方式

「きらら方式」による開局

　2020年(令和2年)はコロナの影響もあってコミュニティFM局の新規開局は1局だけだったが、それ以前は2017年(平成29年)に13局、2018年(平成30年)に9局、2019年(平成31年、令和元年)に9局が開局している。だが、近年新たに誕生した局の多くは、少ない資本金で開局しており、コロナ禍での運営で大変な苦労をしている。

　そうした中、2017年(平成29年)4月に鹿児島県の中央に位置する姶良市で開局した「あいらびゅーFM」は、山口県宇部市のコミュニティFM局「FMきらら」の支援を受け、「きらら方式」で開局した。「きらら方式」とは、開局から黒字経営を続けている「FMきらら」のビジネスモデルで、他社の配信を受けず全ての番組を生放送で自社制作し、局のスタッフは地元採用で市民のボランティアスタッフは起用せず、広告料金は格安に設定し、リスナーとスポンサーの会員組織を設け、リスナーは会員になるとスポンサーの加盟店のサービスを受けることができ、またスポンサーに対しては番組のタイムテーブルが掲載された紙媒体での広告や、番組の中でのインフォマーシャルCMで紹介するといった

内容である。^{*4}

「あいらびゅーFM」の代表取締役の上栁祐典は、もともと始良市の西側に隣接する薩摩川内市で2013年（平成25年）3月に開局した「FMさつませんだい」の局長で、「始良市が防災を目的にコミュニティFM局の立ち上げを検討した際、視察に来たことをきっかけに、開局に向けて相談対応するようになった」という。「FMさつませんだい」は開局に際して、「FMきらら」の支援を受けており、それをきっかけに上栁は、「FMきらら」が新規開局するコミュニティFM局のコンサルティングを行うために設立したコミュニティメディア開発推進機構の手伝いもしていた。

その後、文化事業に力を入れていた当時の始良市の市長が、ショッピングモール「イオンタウン始良」の東街区のオープンに合わせ、その中に公設民営のコミュニティFM局を設置しようとして、運営する事業者の公募を行った際、上栁は自ら担当役員を務める「FMさつませんだい」の運営会社の薩摩川内市観光物産協会に、「あいらびゅーFM」の運営にも関わることで、双方の局で連携して放送を行うことを提案した。だが、薩摩川内市観光物産協会はコミュニティFM以外の事業がメインの会社で結局認められなかった。そのため上栁は行きがかりでかつて自らが提案して開局した「FMさつませんだい」を辞めて、「あいらびゅーFM」の立ち上げと運営に携わることになる。

上栁は「FMきらら」の井上悟社長の協力を得て、新設の法人を始良市に設立してそこが運営するプランで公募に参加して採用され、局の運営会社を設立して放送免許取得に向けた準備を進めるとともに、市を通して設備工事を行う会社に必要な施設の設計や機材等の設備について仕様を伝えたり、市民に音楽CDの寄贈を呼びかけたりした。また、局のスタッフの採用と研修は、コミュニティメディア開発推進機構と連携して行った。

「あいらびゅーFM」は「FMさつませんだい」と同様に「FMきらら」のビジネスモデルを踏襲し、それを地域の事情に合わせてアレンジする形で運営されている。

局のスタッフの採用に際して、放送の経験があって喋りが上手い人よりも、どれだけ地元のことをしっかり語ることができる人なのかを重視して採用を行い、面接とともに筆記試験を課し、そこでは地元の細かい地名が正確に読めるかの確認を行っている。そのためほとんどのスタッフは、他所での放送の経験がない。

常勤は上梔とあと事務・経理・番組補助等のバックオフィス業務を担当するスタッフが1人で、他に20名以上のパーソナリティが、雇用ではなく報酬形態での個別契約により番組制作を担当している。この内、ほとんどフルタイムで放送を担当しているパーソナリティは1人で、他は週に数時間の自分の番組の放送以外に技術、そして人によっては営業も担当しており、また局以外の仕事も抱えている。

　「オールディレクター主義で、パーソナリティが番組の企画制作、ゲストの手配や選曲、スポンサーの獲得まで全て行い、さらに大規模災害時の対応を考え、ミキサー等の技術も習得するようにしているが、ただ営業に関しては人によって空き時間が様々なので、全員で担当することが難しく、また営業を専門に担当するスタッフがいなかったり、広告代理店もコミュニティFMの広告単価が安くて積極的でなかったりするので、今度、どうするかが課題となっている」（上梔）

　なお、「仕事として放送に取り組んでもらうため、原則としてボランティアスタッフは設けない方針」（上梔）であるが、面白い話のできる市民が特定の番組にレギュラー・ゲストとして出演することは歓迎している。

　放送時間は7時から21時までの1日14時間で、自主制作の生放送が中心だが、人件費等の問題もあり、一部、音源収録放送も行っている。始良市ではNHKや県域局のラジオ放送も受信できる中、同じような内容の放送を行ってもリスナーが聴いてくれないため、他の局が扱わない地域に特化した放送を目指しており、地域で開催されるイベントの告知を始め、市内の各自治会の自治会長に電話出演してもらう番組や、学校の部活動を紹介する番組、そして始良警察署に届いた落とし物を紹介する番組等も放送している。

　また、「あいらびゅーFM」では、会費無料のカード会員の仕組みを構築し、「clubあいらびゅーカード」を発行しており、中学生以上の市民が数多くカード会員になっている。会員になると「あいらびゅーFM」が3か月に1度発行する番組表の載ったフリーマガジン『clubあいらびゅーマガジン』に掲載された加盟店（法人会員）で、カードを提示することで様々な特典が受けられる。加盟店は3か月ごとに新たに募集し、加盟店になると紙媒体だけでなく放送の中でもインフォマーシャルで商品やサービスが紹介され、また毎月1回、リポーターによる取材が入る。

　『clubあいらびゅーマガジン』は毎回1万部発行され、掲載されている40軒程

の加盟店で配布される以外、市役所や公民館等を始めとする市の施設、郵便局、金融機関等にラックを置いてもらい配布している。始良市には他にこうしたフリーペーパーがないため、加盟店以外の企業も広告を出している。現在、「あいらびゅーFM」のスポンサー収入の半分近くを、『clubあいらびゅーマガジン』関係で占めている。

「ラジオのCMと違って紙媒体は使いまわしがきかず、毎回、制作するのに手間がかかって利益率は良くないが、営業ツールとして使いやすく、また加盟店とお付き合いすることを通して、放送で使う様々なイベント情報等を得ることができる」（上栫）

それから「あいらびゅーFM」のCMは、スポットCMが他のコミュニティFM局よりも破格に安い1本500円からの料金設定がされている。これは放送エリア内で広告スポンサーとなる事業者の多くが小規模で、競合する媒体となるのが新聞の折込広告で、こちらは市内の仮に全世帯に配布すると10万円余りかかる。そのため「あいらびゅーFM」では、平日毎日1回スポットCMを放送する料金を最低1万円程度に設定し、新聞の折込広告よりもお得感を出して、小規模事業者からの出稿数を増やす戦略をとっている。

このように、「あいらびゅーFM」では、「FMきらら」のビジネスモデルを踏襲することで、年間2000万円程の売上げを達成しているが、ただ公設民営のコミュニティFM局として誕生したことによる課題も抱えている。

もともと始良市でコミュニティFM局を公設民営で立ち上げようとした最大の目的が防災対応で、始良市と「あいらびゅーFM」とは、送信所等も含めて市の設備を無償で借りて放送を行うことについての基本協定と、災害時に市の要請に基づいて緊急の災害放送を行うことについての防災協定の双方を結んでいる。「あいらびゅーFM」では、始良市のCMを放送するのに月に15万円程のスポンサー収入があるが、委託事業者として委託料が支払われているわけではなく、独立した事業として放送を行っている。

ただ、スタート時に協定書で細かい取り決めをしていなかったため、局の設備の減価償却は所有する市の責任だが、ランニングコストは市が負担しないため、当初、リース契約や保守契約が組めずに当初予算で購入した機器が故障し、その対応に苦慮するということが起きた。

また、公募の段階で「イオンタウン始良」に演奏所が入居することが決まっていて、「イオンタウン始良」から始良市が行政施設としてテナント契約をし

て、その家賃を市から「あいらびゅーFM」が請求されて支払う三者契約となっているが、家賃が高額で、商業施設に入居することで多くの市民に局の存在が知られるというメリットは多少あるものの、それ以上に負担が大きいというのが現状である。そして、「イオンタウン始良」が夜中12時までしか警備員がおらず、台風、その他の災害に備えて市からの要請等で深夜に時間外放送を行う場合、建物の中に入るのに事前申請して警備員に残ってもらう等の使い勝手の悪さもある。

　また、長期的な視点で見ると、これまで鹿児島市のベッドタウンとして増加してきた始良市の人口も最近では頭打ちとなり、今後は人口、及び市内の事業所は減少に向かい、広告収入の先細りが予想される。

　そうした中で上栫は、「地域の情報を地域で必要とする人に伝えるコミュニティメディアは将来的にも必要な存在で、今のコミュニティFMがその役割を今後とも担っていくとしたら、これからの社会の変化に合わせて、ICTを活用した番組制作の省力化や放送事業外収入の拡大等の将来設計を、今からしっかり考えてフレキシブルに局の形を変えていく必要がある」と語る。

「京都三条ラジオカフェ」をモデルに開局

　東京都の多摩地区の府中市で2018年（平成30年）12月末、一般社団法人東京府中FMを母体とするコミュニティFM局「ラジオフチューズ」が誕生した。放送エリアは府中市のほぼ全域とその周辺地域で、また「リスラジ」でも番組をネット配信している。

　初代の代表理事として立ち上げに携わった大山一行は、過去に京都市の「京都三条ラジオカフェ」、鹿児島県の「おおすみ半島コミュニティ放送ネットワーク」といったNPO法人を母体とするコミュニティFM局の立ち上げに携わってきた。大山が府中市でコミュニティFM局を立ち上げるきっかけとなったのは、市内にある東京外国語大学の前学長の立石博高がメキシコを訪れた際、地元の大学の構内にラジオ局があるのを見て、東京外国語大学の構内にラジオ局を立ち上げる相談を大山にしたことによる。そして、大山は東京外国語大学を拠点に、市民による多言語多文化共生のコミュニティFM局の立ち上げに関心を持ち、2017年（平成29年）に府中市に移り住み、コミュニティFM局開局に向けて取り組んだ。

「ラジオフチューズ」の大山一行代表理事

ただ当初、東京外国語大学の学内に演奏所を置こうと考えたところ、大学入試の時や夜間の緊急時に学内に入ることが難しいという問題が判明し、送信所のみ大学構内に置くこととなった。また、東京外国語大学が調布市との境に位置し、多くの学生の生活圏が府中市内ではなく、西武多摩川線でJR中央線方面にあることも分かり、多くの市民にとってアクセスの良い府中駅近くにスタジオを確保することにした。

「ラジオフチューズ」は「FMきらら」のビジネスモデルを踏襲して株式会社を立ち上げた「あいらびゅーFM」と対照的に、かつて大山が立ち上げに関わったNPO法人を母体としたコミュニティFM局「京都三条ラジオカフェ」をモデルに、非営利の一般社団法人として地元の市民や事業者からの寄付や社債で必要な資金を集め、市民のボランティアスタッフに頼って運営する形となっている。

「ラジオフチューズ」では、毎週1回3分間の番組を放送する費用が月額5000円と比較的安価に放送することができ、開局以来、市民による番組の放送が順調に増えている。市民のボランティアスタッフの多くが、有料で自分の番組を持つとともに、局が提供する番組にボランティアスタッフとして関わっている。

「開局前にラジオに関わりのあるテーマでトークイベントや番組制作ワークショップを数多く開催し、そこに参加した市民の半数近くが、開局後に番組制作をしており、また府中市以外に他の地域からも、音楽や演劇をやっている関係で番組制作を希望して来られる方も多く、現在、一般の市民が制作する番組は週に50本以上ある」（大山）という。

これまで「ラジオフチューズ」で行ってきたワークショップでは、放送法、電波法、著作権法、そしてCMについて番組を制作する上で知って欲しいポイントについてレクチャーした後、憲法の表現の自由の原則にもとづいて市民に自

由に番組を制作するよう伝えている。「ただし、その内容について判断するのはリスナーで、リスナーからクレームがあった場合、局の人間と番組制作した市民で話し合い、問題があれば訂正や謝罪を行う形にして、市民が枠にとらわれずに自由な発想で番組制作できるようにしている」（大山）という。

　また、平日の朝、昼、夕方に生放送で地域の情報を伝える番組を局で提供しているが、朝の時間帯は社員スタッフが、お昼の時間帯は主婦を中心とした市民のボランティアスタッフが、そして夕方の時間帯は地元の東京外国語大学、東京農工大学の学生中心のボランティアスタッフが放送を担当している。

　「ラジオフチューズ」では、市民による多言語多文化共生のコミュニティFM局を開局当初からの目標に掲げているが、このように放送への市民参加は順調に進んでいるものの、「多言語多文化共生については、学生が担当する番組に留学生がゲストで出演するのが中心で、まだ地域に住んでいる外国人が母語で放送するような形になっていない」（大山）という。

　「ラジオフチューズ」は公設民営局の「あいらびゅーFM」と異なり純民間局なので、局の設備の減価償却も自前で行うことになり、そのため年間で最低1800万円程の売上げが必要になる。姶良市と異なり首都圏に位置する府中市では、地元のコミュニティFM局への関心は、一部の市民を除いてそれ程高くなく、これは市民に限らず地元の行政も同様である。府中市とは2019年10月に防災協定を結んだが、市からの広報番組の放送による金銭面での支援がなく、社員スタッフも日常業務に追われて、広告営業が充分にできていない状態である。

　そうした中、「ラジオフチューズ」では防災面でのコミュニティFM局の担う役割の重要性を府中市や多くの市民に認知してもらうため、警察や消防と関係を構築して事件・事故に関する情報を提供してもらい、日々の放送の中で随時放送するだけでなく、市民のボランティアスタッフの協力を得て、災害時に市内各地がどんな状況になっているのか各地域に住むボランティアスタッフから局に情報が届く仕組みをつくり、また社員スタッフだけでなくボランティアスタッフも自らミキサーを操作してワンマン放送ができるようにするための災害訓練放送を、開局からこれまで何度か行ってきた。

　「大規模災害が起きた際、社員スタッフは市内の各現場に行って情報の確認を行うことになるので、その際に市民のボランティアスタッフが現場からの情報を局で受けてそれを放送することができると大規模災害時の放送の幅も広がるので、それが可能な体制に持っていきたい」と大山は語る。

そして、災害時に大勢の市民に「ラジオフチューズ」の放送が聴かれるためにも、日常的に放送が聴かれていることが重要で、そのため「ラジオフチューズ」では、市内で行われる様々なお祭りやイベントには極力出かけて、多くの市民の目に留まる形で取材や中継を行い、局の存在を認知してもらうことに努めている。

コミュニティFM局にとってベストの運営方式とは

近年新たに誕生した「あいらびゅーFM」、「ラジオフチューズ」という2つのコミュニティFM局の運営方式について紹介したが、「あいらびゅーFM」の採用する「きらら方式」は、コミュニティFM局のビジネスモデルとして非常に優れているが、必ずしもどの地域でも成功するものではなく、特に大都市圏では採用されている事例がほとんどない。

開局当初に「きらら方式」を採用した東京都東久留米市のコミュニティFM局「くるめラ」では、開局から1年半で「ラジオフチューズ」のような市民のボランティアスタッフに全面的に頼る形に運営を切り替えている。

東久留米市でコミュニティFM局を立ち上げるためNPO法人FMひがしくるめが設立されたのは、2012年（平成24年）5月である。ただ、地元自治体の協力が得られずに開局に向けた動きが進まない中、2016年（平成28年）4月に理事長が交代して、高橋靖が理事長に就任した。高橋はかつて東久留米市の隣の西東京市のコミュニティFM局「FM西東京」の開局に関わり、開局から1年程、社員をしていたことがあった。

高橋は当初、NPOを母体に局を立ち上げようとしたが、開局に必要な資金が集まる見通しがなく、そのため「FMきらら」の井上の本を読んだことをきっかけに井上に相談し、コミュニティメディア開発推進機構のコンサルティングを受けて、「きらら方式」で新たに資本金1000万円（後に1000万円増資）で高橋を代表取締役とする株式会社FMクルメディアを設立して開局を目指すことになった。株式会社を母体にコミュニティFMを立ち上げることのメリットは、資本金を集めやすく、またコミュニティFM局を開局する目的が地域づくりで、利益を上げることは当初から期待されていないため、出資した株主に利益を還元しなくてもよいという点がある。

クルメディアでは数百万円のコンサルティング費をコミュニティメディア開

発推進機構に支払って、電界調査を行う業者を紹介してもらい、局のスタッフは井上と「FMきらら」のパーソナリティからアナウンス、ミキサーから局の業務に関する研修を受け、2018年(平成30年)6月に「くるめラ」は開局した。なお、高橋の方では開局前に、当初のランニングコストを考え、2000万円の借入を行っている。

こうしてスタートした「くるめラ」だが、最初の1年間で資本金と借入金の多くを使い果たすことになる。その理由は、東久留米市で「きらら方式」による局の運営が上手く機能しなかったことである。「きらら方式」ではコミュニティFM局はひたすらパーソナリティが地域の情報を地域の人に伝える放送を行うが、ただ東京都心部のベッドタウンである東久留米市の場合、多くの市民が都心に通勤・通学しており、そうした市民の関心は地元よりもむしろ都心にあり、そんな中で地元ネタ中心の放送だけではリスナーの関心を満たすことが難しく、個性的でバラエティ豊かな番組編成でないと、リスナーの拡大が難しいということがあった。

また、「きらら方式」では、「FMきらら」の地元の宇部市のマーケットをベースに設定された放送料が1時間5000円、制作費が1時間3000円と、東京の基準からすると極端に安く、足りない分はインフォマーシャル等で回収する仕組みとなっている。ただ、地元自治体の広報による収入がまったくない「くるめラ」では採算に合わず、「地域の様々な情報をインフォマーシャル中心に紹介することもためらわれた」(高橋)ため、この料金は「きらら方式」をやめた現在、放送料1時間1万円、制作費1時間5000円となっている。

あと「きらら方式」では、パーソナリティが広告営業を担当するが、広告1件につき1割の営業報酬を払っても、田舎と違って東京のような都会では、パーソナリティが簡単に広告をとることができなかった。そして、パーソナリティが有給だったため、毎月50万円程の赤字が積み重なっていった。そのため高橋は、開局して1年後には市民のボランティアスタッフ中心の放送に切り替えることを考え、その後、半年ほどかけて切り替えた結果、人件費の圧縮により毎月の赤字をほぼ解消することができた。また、「市民のボランティアスタッフのモチベーションは高く、番組のクオリティも遜色ないため、心配されたリスナーへの影響はほとんどなかった」(高橋)とのことだ。

現在、当初の「きらら方式」で残っているのは、「Clubくるめラ」の会員組織と「Clubくるめラカード」を持つ会員向けの加盟店によるサービスである。加

盟店は、番組の改編に合わせて3か月に1度発行されるタイムテーブルの掲載された『Clubくるめラマガジン』の中で、各店舗の広告を通して紹介され、また放送の中でインフォマーシャルでも紹介される。「開局時にパーソナリティが営業して集めた加盟店は80店程あったが、今は40店程に減っているものの、その分、当初よりも番組スポンサーは増えて、現在、局の売上げは年間1500万円程で収支はトントンだが、今後はこれまでの借金を返すために売上げを拡大していかなければならない」（高橋）という。

　このように「くるめラ」では当初の運営方式を変えることで経営を安定させたが、全国に330局余りあるコミュニティFM局は、それぞれ局の置かれた地域の状況が異なり、そのため地域のリスナーやスポンサーの特性を見極めて柔軟に対応することが必要である。

（松本　恭幸）

＊1　1997年（平成9年）3月に沖縄県初のコミュニティFM局として「FMチャンプラ」が沖縄市で開局したが、親会社の経営悪化にともないコミュニティ放送事業から撤退することになり、2004年（平成16年）4月から「FMコザ」が事業を継承して放送している。

＊2　那覇市以外では、沖縄市、宜野湾市に2局のコミュニティFM局がある。

＊3　2011年（平成23年）以降、沖縄では8つのコミュニティFMが開局しているが、この内、2013年（平成25年）2月に公設民営方式で開局した南城市の「FMなんじょう」は、指定管理者である運営会社との契約が2018年（平成30年）2月で終了し、新たに指定管理者となった別の会社が別途放送免許を取得して放送を行っている。

＊4　「きらら方式」の詳細については、井上悟（2014）『成功するコミュニティFM Ⅱ』東洋図書出版、井上悟（2016）『コミュニティFM放送局を開局して失敗する前に読む本』東洋図書出版を参照。

新たなウェブメディアの潮流

地域のウェブメディアはこれからどう発展していくのか

はじめに

　従来型のマスメディアに比べて狭い地域や、時には特定のテーマを強く意識するタイプのウェブメディアや放送系のコミュニティメディアを、ここでは「新たなウェブメディア」と総称する。

　地域で活動するウェブメディアの現場を取材しながら、ウェブメディアの可能性について考える。ローカルのウェブメディアやコミュニティメディアは、地域に活動の足掛かりを置くだけでなく、ネット社会がもたらしつつある多様な技術やサービスに敏感で、利用者や視聴者とのつながりをどう確保していくかに腐心している。

　個性的なメディア感覚に支えられ、多種多様なローカルメディアが活動している様子は、第1章で紹介した水越伸さん（東京大学大学院情報学環・学際情報学府教授）の「メディア・ビオトープ」の世界を思わせる。

　こうしたメディア事例は多くの場合、資金的な制約や運営に携わるマンパワーの不足など、運営体制に悩みを抱えている。少人数の取材・編集で乗り切っているため、地域との関係が固定的になりやすく、報道テーマや取材相手との距離を保つのに苦労も多い。その試行錯誤の現場では、既存の報道メディアに慣れた目で見ても、自由と緊張感が交錯する。

1 自由なメディア論が地域を耕す

既存メディアにとってのヒントも

　地域に由来する伝統的な地方新聞社の報道活動が、全国的な視野を得意とする全国紙よりもはるかに地域に密着しているのは言うまでもない。価値観やライフスタイルが多様になるのに伴い、従来型のメディア観や枠組みから逸脱する社会問題も多い。既存のメディアの枠に縛られることなく、グローバルへの目配りも得意とするような自由なローカルメディアの議論と実践テストを進めたい。

　インターネットとほぼ同時期の2000年代初期、民間非営利組織（NPO）が日本にも登場した際、それまでもっぱら社会問題の解決の主体とされてきた政府と企業に加えて、市民活動・ボランティアを母体とする多くのNPOが、分野ごとに個性的かつ多彩に出現した。NPO分野への期待をこめて元宮城県知事の浅野史郎さんが「NPO花盛り」と表現したのを思い出す。

　現在、既存のマスメディアとは違った環境の下、メディア活動に取り組んでいる新しいタイプのウェブメディアの数々は、水越さんの「メディア・ビオトープ」を構成するプレーヤーとして「花盛り」になってもいいのではないか。新しいウェブメディア群が、従来型の地域メディアとともに生き生きと連携しながらその隙間を埋めていく過程を想像してほしい。新たなウェブメディア群と既存のメディアの関係を近未来志向でとらえる試行錯誤の中にこそ、実は従来型のマスメディアが陥っている危機を回避するためのヒントが潜んでいるようにも思える。

東日本大震災をきっかけに

　インターネットが登場してほぼ四半世紀、地方新聞社のSNSやコミュニティサイト、インターネットとウェブを活動の軸に据える大小さまざまなメディアの活動が見られた。2011年（平成23年）3月11日に発生した東日本大震災では、被災地の動きや被災者の表情を伝えるためにさまざまな規模のメディアが生ま

れた。震災をきっかけに生まれたメディアの中には、震災復興のために用意された公的な資金によって、緊急かつ時限的に成立したものも多かった。時間の経過とともに活動休止を余儀なくされたケースもあったが、地域密着型のコミュニティFMやニュース・報道系サイト、観光情報を中心に、地域情報・都市情報の発信を手掛けるポータルサイト系のメディアやソーシャルメディア＆動画の共有を主な環境とする地域情報サイトなど、注目すべき事例は決して少なくない。*1

　地方圏の人口減少・高齢化に伴い、地域づくりの担い手不足が深刻だ。近年の地域開発の議論においては、「定住人口」のみならず「交流人口」、「関係人口」など、それぞれの問題意識を支える「人口」へのこだわりが根強く、マルチハビテーションの進展等を背景に、いわゆる地域ポータルサイト、地域メディアのありようも変容を迫られつつある。

　「関係人口」は移住を前提とする「定住人口」ではなく、もっぱら観光目的の「交流人口」でもない。ひと昔前ならある地域の活性化の指標として「観光客の入込数」が注目されたものだが、既に複数の「人口」概念が存在することからも分かるように、特定の地域との接点の作られ方が多様になりつつある。

　「定住人口」に加え「交流人口」「関係人口」を踏まえて考える地域おこしには、人の流動性の増加分だけ地域情報への関心も高まる。情報の流通・還流の点でも、伝統的なマスメディアが果たしてきた役割をさらに超える柔軟で高機能なメディア機能が求められる。特定の地域を舞台に活動する新たなウェブメディアの役割が、発信、受信双方の現場で期待されるゆえんでもある。

ローカル由来のウェブメディアを支える人・ヒト・ひと

　地域発のコンテンツを掘り起こし、発信する地域由来のメディアの現場は、伝統的なマスメディアに比べれば、まるで微弱電流のように覚束ないかもしれない。しかし、その微弱な情報の受・発信のひとつひとつに、「ひと」のかかわりを見出すことができる。ローカルを基盤とする情報のやりとりを丹念に取材していると、そのメディアが取材対象としている人々だけでなく、そのメディアを運営面で支える人々や組織・団体の存在を感じることができる。

　たとえば、メディアとしての性格上、「予定」を重視するタイプの放送メディア（コミュニティFMなど）の「タイムテーブル」を子細にながめるだけで、その

地域発の話題や情報を強く意識している専門家や、自らの人生設計をメディアとの関係で組み立てることに熱心な人々の存在を知ることができる。

　取材者、報道者としての活動は、従来なら既存のメディアに就職するという形でしかあり得なかったが、地域由来のウェブメディア、放送メディアの現場とその周辺では、「週末だけ」、「休日だけ」、「副業として」といった感覚で、メディア世界との接触をはかろうとする人たちが数多く存在する。

　最近、話題の「働き方改革」が、取材者・伝え手の世界ではひと足早く意識され、潜在していると言ってもいいかもしれない。視点を少し変えれば、ローカルメディアに現にかかわっている地域発の情報発信の担い手たちを、さまざまなプログラムを開発し支援する道は、とりもなおさず地域の人材発掘へと直結する。

　筆者がいつまでもローカルメディアの可能性にこだわるのは、地域由来の新聞社でついになし得なかったスタイルのメディア活動の兆しが、はっきりうかがえるからだ。かつて地方新聞社のネット部門で共に仕事をした同僚に対して、「ひとりウェブ」、「ひとりブログ」の運営者になってほしいと頼んだことがあった。地方新聞社のネット現場を「花盛り」にするためには、メンバー一人ひとりが、独自テーマを持ってウェブやブログ、SNSを立ち上げ、社会貢献やビジネスの可能性を探るしかないと考えたからだ。新聞社という「巨大組織」のリソースを背景に、「ひとり」が自覚的に動くパワーは想像以上に強力だ。

　残念ながら「ひとり…」構想は、定年という時間切れによって果たせなかったが、ローカルで展開する微弱電流のような「新たなウェブ」メディアの現場を支えているのは、そうした「ひとり…」に限りなく近い人たちであることが珍しくない。

　従来型のメディアの常識では、いったん報道され、いわゆる「ニュース価値」が弱まったとされるケースでも、角度を変えてさらに深掘りする世界があり得る。対象に迫る角度を臨機応変に変えることにこそ、重要な意味がある世界だ。伝統的なマスメディアの世界で繰り広げられてきた「抜いた」、「抜かれた」の取材競争の中で、跡形もなく消費され尽くすように見える出来事にも、実際はさまざまな尺度の当て方、さまざまな表現スタイルがあり得る。地域に由来する新たなウェブメディアは、規模の大小にかかわらず、地域発の情報を流通させ、還流させるメディアモデルの端緒であるかもしれないのだ。

2 西東京をカバーする「ひばりタイムス」

自然体で地域のテーマを追う

「ひばりタイムス」は2015年（平成27年）2月にスタートした。大手通信社OB
の北嶋孝さんが立ち上げた、地域密着型の報道メディア。西東京市とその隣接
自治体を中心に、もっぱら地域ニュースを扱う。メディア本体であるウェブの
ほか、週刊でメールマガジンを発行している。フェイスブック、ツイッターな
ど、ソーシャルメディアを活用することで、「ひばりタイムス」の知名度アップ、
提供するニュースの拡散を狙っている。

「ひばりタイムス」には、北嶋さん自ら取材する議会や行政ネタのほか、北嶋
さんの思いに共感する地域のライターが書くニュースや特集・連載がある。一
定の経験を要する分野や問題については、北嶋さん自らが担当、ライターとの
間では、「ひばりタイムス」は自分の立場や考え方をアピールする場ではなく、
あくまで地域で起きた出来事をなるべく忠実に伝える報道メディアであること
を確認している。

北嶋さんは共同通信社を定年前に卒業した後、地域の演劇活動を支援するメ
ディアの編集に10年携わった。70歳になってから西東京市と隣接自治体をカバ
ーする地域報道メディア「ひばりタイムス」を立ち上げた。

「誰が読んでも楽しいイベント情報はいろいろなメディアに掲載されるので、
自分は地元の自治体や議会にしっかり足を運ぼうと考えた。インタビューした
いので市長に会わせてほしいと、西東京市の広報にお願いするところから始ま
った」

北嶋さんによると、西東京市は東京の多摩地域東部。旧田無市と保谷市が
2001年（平成13年）1月21日に合併して誕生。人口は20万3000人。

「大手メディアは取材拠点を置いていないので、ウェブやメール、ソーシャル
メディアを駆使する『ひばりタイムス』だけが事実上、地域と向き合うメディ
アとなっている。市内に支局も通信部もないので、西東京市が報道の空白地域
というのはメディア感覚としては当たっているが、ネットワークはないわけで
はなく、西東京関連の記事も時折掲載される」

「新聞社の武蔵野記者会は武蔵野市役所内にあり、朝日、毎日、読売、産経などがメンバー。西東京市は一応、ここの記者がカバーするケースがほとんどで、社会部の武蔵野支局という位置付けだ。西東京市の定例会見は年4回。議会の定例会開会前に開く。他市では年1回という場合も少なくない」

「多摩26市で、人口は5番目、武蔵野市や立川市より多いというと、意外に受けとられる。市役所に記者クラブはない。市の広報部署が発行する発表資料（リリース）を手掛かりに取材している。西東京市の地域メディアとしては、『FM西東京』と『タウン通信』がある。『FM西東京』とは覚書を取り交わし、『ひばりタイムス』のニュースを平日の番組で放送してもらっている。無料だけど。タウン通信は、いわゆる地域の広告を収入源とするローカルペーパーだが、精一杯がんばっていると思う」

事実を伝えることの難しさ。地域のリアリティを踏まえて模索

地域報道メディアとして「ひばりタイムス」がカバーしている範囲は広範で、テーマも多岐にわたる。「ひばりタイムス」の設立以来、ほぼ6年、北嶋編集長は地域ライターへの声掛けからネットワークづくりに取り組んできた。北嶋さんの報道メディアとしての試行錯誤について正確に論評できる人は、既存のマスメディア関係者の中にはいないだろう。地域の諸問題と直に向き合うには、規模の大小を問わず、事実を正確に伝えるという、メディアにとって不可欠な前提をクリアする必要がある。既存のメディアで報道分野に携わった経験者なら、誰もが覚えのある場面のはずだ。

「たとえば、市の政策をめぐって、反対運動が起きているとする。たまたま反対運動に取り組む側の事情に共感できる場合、それをニュースとしてうまく書くにはどうすればいいか。決して簡単ではない。『ひばりタイムス』は、どちらの側にもよく受け止めてもらうということではなく、今の時点でこういう進行だったよなと、落ち着ける内容になっているとともに、後から読んだ時に、なるほどそうだったのかと、事態があまり歪まないような参照に耐え得るような書き方をしたい」

北嶋さんは、取材対象となるコミュニティや報道テーマとの関係を結ぶ際の、地域メディア特有の傾向があると言う。

「『ひばりタイムス』に限らず、『地域メディア』や『市域メディア』の報道空

間はほぼ固定され、取材先を含む人間関係もあまり変わらない。多くのマスメディアは取材者が一定期間たつと異動することによって、利害関係や個人的な特色・傾向をリセットしつつ、取材相手との距離を保ってきた。中央と地方を問わず、新聞社やテレビ局の共通する傾向だ。

　これに対して地域住民が同じ地域を報道するとなると、報道が暮らしに直結し、暮らしが人間関係そのものという、地域ならではの報道のあり方を考えざるを得ない。その都度、事例を個別具体的に切り分けて進まざるを得ない。報道の自由とか真実の報道とかいう大きなスローガンが、遠くに見える場所だとも感じる。関係が近い、地縁の難しさだ」

　「ひばりタイムス」はウェブのほか、メールやフェイスブック、ツイッターなどのソーシャルメディアを活用している。ソーシャルメディアが発達し、文章や写真・動画をネットで発信するだけなら容易になった。実際の世界は残念ながら、ネットを悪用した中傷やデマが少なくない。自分の立場を正当化することにしか関心がないように見える主張や論争も目立つ。

　「ソーシャルメディア時代は、伝統的な報道スタイルが潜り抜けてきた、制約、緊張条件がまったくなくなってしまって、書こうと思えば、何でも書けるようになってしまった。そこで逆にみんなが困っているのかもしれない」

メディア OB がローカルメディアを立ち上げるとき

　「ひばりタイムス」を立ち上げるにあたって北嶋さんは、ほぼ5年分の運営費を蓄えることから始めた。「記事を書いてくれた人には1本あたり1000円を支払う。自分では何も受け取らない」

　北嶋編集長が楽しそうに語った。「新聞やテレビで仕事をした人たちが全国各地で、地域メディアを立ち上げることができれば面白い。各地の地域メディアが協力し合う中で、メディアを運営するための資金の確保なども、きっと手掛かりが見えてくるはずだ」

　「ひばりタイムス」のような地域メディアを、メディアOBが自分で新たに立ち上げる場合、メディアとしてカバーする範囲や提供するニュースの量、更新頻度などをあらかじめ見積もる必要がある。特に創設者の個人的なパワーには、どうしても限界があります。1年を通して安定的にメディアを運営できるだけの人的なネットワークづくりは、メディアを創設した後も、常に意識しておく

べき課題だ。

　インターネットの理解と実践のパワーも欠かせない。アクセス数や訪問者数が重視されてきたが、最近ではソーシャルメディアも含めた柔軟で多様な流れの中で、メディアの価値を再評価する視点が欠かせない。マスメディア的に圧倒的なパワーで同じ情報を流して終わり、そこから先は他人事というのでは、ソーシャルメディアを含めた情報の流れ、コミュニケーションの世界は見えてこない。1対多の構造に乗って、情報をただ流すだけのやり方には、情報の受け手自身が飽き足らなくなっている。メディアを運営する立場からしても、マスメディア的な手法が絶対である時代はとうに過ぎたと言わざるを得ない。「ひばりタイムス」の場合も、既存のマスメディア的手法に距離を置いたところで、地域メディアとしての模索を続けているように見える。たとえば、報道メディアとしての価値を測る手段について北嶋さんは、「一つひとつの記事がサイトの重みを測る目安だと思っている。サイトの趣旨や目的、アクセス数よりも、こちらの土俵がもっと厳しい場になる」と語っている。

３ メディアの現場を拡張する「TOHOKU360」

参加と連携が最大のエネルギー

　2016年（平成28年）2月、仙台で生まれたネットメディア「TOHOKU360」にも、さまざまな動機を持つ人たちが参加している。創設者のひとりで編集長を務める安藤歩美さんを中心に、取材を担当する「通信員」、編集サポートの「編集デスク」が活動している。いわゆる編集会議に相当する「通信員会議」に参加するだけでもOK。「TOHOKU360」として打ち出す企画やプロジェクトにかかわる人たちもいる。

　たとえば、YouTubeを活用している「いづいっちゃんねる」は、「TOHOKU360」と仙台市市民活動サポートセンター（通称サポセン）が協働で取り組むインターネット配信番組だ。社会課題の解決に取り組んでいる団体に取材し、その様子をネットで公開している。「いづい」は仙台弁で、「しっくりこない」、「居心地が悪い」、「フィットしない」などの意味。ちょっと「いづい」ことにみ

んなで気づいて、解決に向けて行動を起こそうという番組だ。YouTube 上の
テーマに対応する形で、「TOHOKU360」にも特集記事を展開する。

　「いづいっちゃんねる」のようなプロジェクトは、全て通信員会議で提案され、希望者を募る形で実現にこぎつける。既存のメディアにはない発想と手法の一つだ。「TOHOKU360」を説明する切り口は数多く存在するが、ここではメディアの運営に多くの人がかかわる、参加・連携の現場づくりに注目したい。

　「TOHOKU360」の運営は、安藤編集長中心に月１回オンラインで開かれる「通信員会議」で決まる。編集長のほか、「編集デスク」「通信員」などの役割を引き受けている人が、通信員会議には参加する。前月の振り返りと今月の予定を中心に、ほぼ１時間で会議は終了する。もともと「TOHOKU360」の報道には、「事実を正確に伝える」という報道に携わる者にとってはごく当然のルールがあるだけだ。他のメディアと競争する感覚は一切なく、むしろどこかのメディアが取り上げたネタでも、取り上げ方を変えて切り込むような記事が歓迎される。筆者の感覚や思いを最も重視するので、書かれた記事を比べることが何らかの優劣判断につながるわけではない。

　月１回の通信員会議では、毎回、通信員が書いた記事を参加者全員で評価して「MVP」を決める。受賞者には乏しい財布からささやかな"経費"が出るが、台所事情が厳しい時は、編集長が取材に行って買ってきたお土産を贈呈するなど柔軟な運営になる。

月１回のオンライン通信員会議で発言する「TOHOKU
360」編集長の安藤歩美さん

試行錯誤が続く参加の仕組みづくり

「TOHOKU360」の立ち上げ以来、安藤編集長が苦心してきたのは、メディアへの市民参加の仕組みをどう作るかだった。2006年（平成18年）、日本にも登場し、3年ほどであっという間に滅びていった「オーマイニュース」を思い浮かべる人が多いが、市民参加によるメディアをイメージする点では共通していても、設立の背景や規模、ニュース価値についての考え方など、さまざまな点で異なる。「オーマイニュース」の理想と混乱、メディア界の喧騒を知るひとりとしては、むしろ両者は対極にあると考える。両者を比較し論評することが目的ではないので、「TOHOKU360」についての安藤編集長の考え方を紹介するにとどめる。

「地域の現状を誰よりも知るのは『住民』だ。『TOHOKU360』では、『住民』自身が主役となってニュースを発信する仕組みを作りたかった。『プロの記者』が見過ごしてしまうニュース価値を発掘することで、地域が持つ多様性を反映できるのではないか。そうなって初めてニュースの世界はもっと豊かになるのではないか」

安藤編集長が強調する住民、市民が主役となるニュース発信は、2006年（平成18年）から2010年（平成22年）頃にかけてツイッターが登場し、急激に普及した際に、よく取り上げられたポイントでもある。ニュースが発生する現場にいる市民が、最も優れた速報者になり得る。ネット環境を無意識のうちに使える市民が、身の回りのニュースに対する感覚を研ぎ澄ますようになれば、ニュースの生成・流通に与える影響は計り知れない。オーマイニュースは、「市民記者」のキャッチフレーズとともに有名なジャーナリストを編集長に迎えるなど、新しいビジネスモデルを最初から志向したが、「TOHOKU360」にかかわる人たちは、「市民記者」とはあまり言わない。「市民記者」が既存メディア系の、いわゆるプロの記者に代替するようなイメージが強いからだろうか。

「TOHOKU360」のフィールドづくりは、文字どおり手作りだ。創立当初に掲げた「仮説」を実現するための試行錯誤自体に、市民が参加する。どうすれば地域の住民がニュースを書いてくれるだろう。白紙のメモに構想を書き出しながら考えた。2016年（平成28年）の夏、仙台では初めての「東北ニューススクール」を開いた。取材や執筆の際、最低限守った方がいい方法やルールを共有

することが目的だった。スクールの受講生のうち、希望者が「通信員」になり記事を書く仕組みを初めて試した。メディア経験者が講師役となってサポートするところから始まったが、受講生が書く記事のバリエーションが豊富なことにまず驚かされた。ニュース記事はどうしても定型化しやすい。記者なら誰もが守るべき「記者ハンドブック」は、日々のニュース配信に安定性をもたらしていることは間違いないが、その分、日本語が持つ豊かな表現力を発揮できない場合も多い。記事につけるリード文（概要）ひとつとっても、「TOHOKU360」の通信員の表現力は多彩で刺激的だ。

　安藤編集長は、「『通信員』が自分のまちから伝えたい情報を自由に取材し、記事を書く。そして、メディア経験者がその記事を編集・校閲し、誤報のないニュースを全国に発信する。このしくみができれば、住民自身が現場から多様な情報を発信し、かつ正確な情報を発信するメディアが実現するのではないか」と語る。

　東北各地の通信員は約60人。活動の濃淡や取材の頻度は、全て通信員にまかされているが、通信員に期待される活動は単に記事の執筆にとどまらない。地域の社会問題を考えるYouTube番組の企画・進行や、東北のメディアが参加する『東北メディアフェスティバル』の企画運営、特定のテーマごとに実施するツイッターのハッシュタグ企画など、さまざまなところで参加してもらえている。

　筆者自身も地元新聞社のOBとして、通信員や編集デスクとして参加の場を得ている。つまりは、「TOHOKU360」の運営の隅々に、参加の機会が広がっている。住民参加型のローカルメディアの在り方を緩く柔軟な形で模索しているのが、「TOHOKU360」の現状であり、今なお通信員と途中経過をたどる模索のメディアでもあるのだ。

地域メディアの目標は「地域連携」

　ツイッターやフェイスブック、360度動画など、ウェブ社会が実現する技術やサービスに最大の関心を払いつつ安藤編集長は、「地域をどれだけよりよく変えることができたか」が目標の一つと強調する。ローカルに基盤を置くウェブメディアにとって地域との連携は、初めから準備された前提のように思えるかもしれない。だが、これまでさまざまな形で注目された大手ウェブメディアに

とっては、どれだけの訪問者があるか、が最大の関心事だ。当然のことながら
そうした尺度は、広告でどう売り上げを伸ばすかといったビジネスモデルと深
いつながりがある。

　一つひとつの記事へのアクセスを増やすために、利用者が思わずクリックし
たくなるようなテクニックを駆使する。その意味では、かつて新聞の見出しが
専門性の高い独特な世界を構成していた以上に、ネットならではの工夫の余地
があるのも確かだ。一方で意表を突く見出しや写真をうまく配置するテクだけ
がはびこり、実際は取材もしていないコンテンツを延々と読まされることにな
りかねない。

　ランキングを重視する方法論も、お金がつくかどうかとの兼ね合いで決まる
が、長い間、地域メディアの世界で暮らした立場からすると、「アクセスが多け
ればいい記事なのか」、「誰もが読みたい記事を、こぞってランキングの上位に
置く発想だと、地味だけれど内容の濃いコンテンツがあっても見逃されてしま
う」などの皮肉も言ってみたくなる。

　安藤編集長は、「ローカルメディアによる可視化」という新しい表現を使い
ながら、「地域で活動する多様な人々の存在を可視化して広く伝え、人と人とを
結びつける力」がローカルメディアにはあると強調する。地域で実際に起きて
いる現象を、言語化してストーリーとしてまとめる。その先には、マスメディ
アの守備範囲を逸脱してしまうような社会課題が存在する可能性がある。

　東日本大震災以降、メディアの報道は震災に大きく傾斜しがちだが、日々接
する地元新聞社やテレビ局のローカルニュースがどうしても震災中心になり、
それ以外の社会課題に関する事実報道や論評が薄くなってしまっている。個別
のメディアの問題というよりも、メディアの多様性、報道に従事するマンパワ
ーの多寡や能力にかかわる。特定のメディアにまかせるだけでは、社会問題の
端緒をつかむアンテナがそもそも圧倒的に足りない可能性がある。

　震災後、情報を求めている人々がこんなにいるのに、主流メディアのニュー
スは一度流せばそれで終わり。膨大なアーカイブ用のスペースに送りこまれ、
ほとんど日の目を見ない。地域に由来するメディアだけでもいいので、コンテ
ンツを相互利用するテーブルができないものか。東日本大震災後、次々に立ち
上がる地域メディアや、資材や人材の確保に挑みながら新しい震災報道の分野
を手探りした地域FM局などを取材しながら感じた。そんな問題も何ひとつ進
まないうちに、10年という時間が過ぎてしまった。

安藤編集長は「TOHOKU360」の課題について、「地域の人々をつなぐハブとして、具体的に取り組めるかどうかがカギになる」と話している。次の10年について、「地域」、「つなぐ」、「ハブ」、「具体的に」と語る表情に気負いはない。伝統的なマスメディアで働いた経験を持つとはいえ、そのメディアセンスは伝統ゆえの重苦しさ、堅苦しさとは対極にある。安藤編集長のメディアセンスに共感した人たちが、可能な範囲で役割を果たしている。

　「TOHOKU360」の日々の現場自体に、「新しいウェブメディア」の秘密が隠されているのかもしれない。

（佐藤　和文）

＊1　松本恭幸『コミュニティメディアの新展開−東日本大震災で果たした役割をめぐって』学文社、2016年

地域映像祭の動向
その課題と展望

はじめに

　東京ビデオフェスティバル（TVF）は第43回目を、2021年（令和3年）3月20日に「TVF2021」としてオンラインで開催した。例年なら入賞者を会場に招いて、テーマ別のトークセッション、公開審査会、ジャーナリズム賞とグランプリ作品の発表・表彰を行っていた。閉会後の市民映像作家交流会までの一連のプログラムが「フェスティバル」と名付けた意味だった。市民映像作家たちと「場」を共有することが、ここ10年ほどは大きなウエイトを占めていた。

　TVF2021は全てのトークプログラムをZoomによる事前収録に切り替え、3月20日の当日はジャーナリズム賞とグランプリ選出の公開審査会の様子を配信した。交流会に変わるものとしては、自由に参加できるディスカッションの場を、当日の最終プログラムとしてZoomを開いて設けた。もちろん初めての試みである。運営スタッフは何度も会合を重ねて、部分的にでも作者たちと直接交流できる場を作ることができないかと模索したが、リスクを回避するのは困難と判断した。

　現実の「場」では対面することのできない窮屈な開催形態ではあったけれども、テーマ別のトークセッションでは、ニューヨークの高校生たちや、ドイツで暮らす映像作家、フランスに旅行中の作者と画面上で繋がった。時差さえ考慮すれば、海外とのやり取りはむしろ容易になったと言っていい。これは、TVFにとっては大きな収穫だった。今、プロの取材現場からプライベートな会合まで、Zoomなどを使ったオンライン・ミーティングが驚くほど普及している。市民映像祭にも新たなフェーズが見えてきた。学校教育現場でもオンライ

ンと対面の併用が広がっていくだろう。

　この章では、TVFが培ってきた地域の映像制作者たちとの繋がりを改めて概観し、今日の地域の課題に繋がる映像制作の取り組みを展望する。また、地域での映像祭や芸術祭の取り組みをとりあげ、地域の魅力と場所の力との関係をより深く考えていきたい。

1 市民映像のハブとしての東京ビデオフェスティバル

TVF2021に応募された映像

　TVF2021は2020年（令和2年）7月から11月末までを作品の募集期間として設定した。例年は6月から10月末だったので、5か月間の募集期間に大きな変化はない。募集開始の遅れは新型コロナ対策を検討していたためだった。

　2020年（令和2年）の2月頃からの世界的な感染拡大は、映像制作の様々な現場にも大きな影響を及ぼした。テレビ番組や映画製作のプロの現場はもちろんだが、学校教育現場での制作にも、各地の市民映像作家たちにも大きな障壁となった。それはTVF2021の応募作品にも反映されている。

　2010年（平成22年）から「NPO法人　市民がつくるTVF」が運営の主体となってから、応募の総数は120〜150作品程度で推移していた。2009年（平成21年）までとは違い、応募はほぼ国内からである。開催年から過去数年の作品が応募されることもあるが、TVF2021には概ね2020年（令和2年）の初めから11月頃までに完成した作品が送られてきた。総数は75作品で海外からは4作品の応募があった。

　映像制作は個人であれグループであれ、誰かと対話をすることが前提となる。応募作品数の減少は誰かと触れ合うことが困難であったことを反映している。ちなみに日本ビクター主催の最終回となったTVF2009は、応募総数2231作品、海外からは1471作品が集まっていた。応募総数が最大の回はTVF2007で、総数3491作品、海外2650だったが、この年は中国からの応募だけで1602作品という異例の年であった。

　新型コロナ感染拡大の影響を如実に示した作品もあった。例えば、『コロナ

の時代―僕らの挑戦―』（桜丘中学・高等学校放送部　三重県）では、休校で自宅待機となった放送部員たちが、リモートでミーティングを重ねながらいくつかの番組を制作するプロセスが記録されていた。中高一貫校のために長い生徒では約6年間の活動を締めくくる最終学年だった。NHK杯全国高校放送コンテスト（通称Nコン）は、放送部の甲子園とも呼ばれていて、番組制作の重要なモチベーションとなっているのだが、昨年2020年は開催中止となった。

　大きな目標を失った部員たちだが、この学校の放送部では学年の最後に部内で番組発表会を行い、その場に向けて制作体制が建て直された。発表会ではOB・OGもオンラインで参加して講評会を行い、新しい部長を選出するなどの交代式を伴っていた。例年であれば当たり前のようにあった重要な「場」がいくつか失われ、部員たちの動揺や顧問の教師の工夫が記録されている。同じ学校からは20分のドラマも応募されていたが、学校再開後ではあっても制作の条件はとても窮屈だったことが分かる。

　大学での映像制作はそれ以上の困難を伴っていたと言っていい。私も大学で映像制作を行うゼミを担当しているが、3年生と4年生のゼミ生とは今年度は一度も教室で対面することがなかった。講義も含めてその大学の授業は全てオンラインで行ったからだ。

　大学生からはコロナ禍での映像制作の困難さを直接記録した作品と、制作の背景にコロナの影響が伝わる作品を含めて5作品が応募された。この数字も例年の大学生の作品数と比較すれば低い。『オンライン真空地帯― 2020』（中央大学）は、大学に入校すらできない日々が続き、オンライン授業を自室で受け続ける学生たちに「今」の状況を聞いている。

　『オンラインの限界』（明治大学田村ゼミ）も同様に学生の本音を聞き出そうとしているが、取材対象を同じ大学の学生だけではなくて、音楽系や医療系といった、実習や演習が重要な学科の学生にも取材している。若い社会人やアルバイト、教師の側の話も聴いている。日常生活の窮屈さはもちろん、大学の授業のあり方を探り、メリット／デメリットの双方を考察していた。

　『等身大学生～等身大×大学生の成長日記～』（関西大学総合情報学部岡田ゼミ）は、ゼミの課題でドキュメンタリーを制作する中でのある出会いに焦点をあてている。私のゼミでも、インタビューのパートを急遽オンライでの取材に切り替えた学生がいたけれども、それでもギリギリまで直接取材の機会を作ろうとしていた。

もちろん、こうした不自由さが見られたのは学生作品だけではない。オンラインでのイベントや配信をドラマの背景に設定した作品や、演者やスタッフと直接会うことなく、全てリモートで完結した作品も現れた。そして、この状況はTVFに限らず、テレビ番組や映画、CMの背景としても現れた。

　TVF2021では「コロナとともに」というタイトルでこれらの作品をくくり、作者の話を聞くセッションを設けた。[*1]

TVFの42年と市民映像作家たち

　TVFはこれまで「市民映像／市民ビデオ」という言葉をあえて使ってきた。この「市民」とはいったい誰のことを指すのか？　私は著書『戦うビデオカメラ』の中で、「市民映像」を次のように規定してみた。「映像作品を制作した主体が個人であれグループであれ、特定の利益誘導や商業的な拘束から自立した体制で制作されていれば、それを市民映像と呼ぶことができる」[*2]。これはTVFの発足からのコンセプトである「プロ、アマ問わず」という応募規定にも影響を受けている。つまり、映像制作のプロであっても、同時にひとりの市民であり市民映像の制作者となり得るという意味だ。

　ここにはまた映像制作におけるプロとアマチュアという、当然のように構築され続けた技術的な隔たりが前提となっている。映像制作を職業とすれば、それはプロの仕事であるが、プロのカメラマンや映画監督でも子供の運動会のビデオを撮影するだろう。映像制作技術としては、当然プロの技がある。しかし、テーマや視点、制作の動機やそこに注がれた意志、現われた映像の表面だけではなくてその背景も比較すれば、プロもアマチュアも同じ土俵に上がっていると考えてもいい。

　問題にするべきはその映像が誰のために、あるいは何のために制作されたのかという点だ。受注ではなく自主制作であるのか？　あるいは受注であっても宣伝や商業的ではない目的のために制作されたものなのか？　この点は注意深く見てきたつもりだ。海外からはプロがプロの仕事として制作したテレビ番組が応募されたこともあった。その時の評価基準も「何かを伝えようとする意志」だった。この基準はプロにもアマチュアにも該当する。

　かつて小型映画と呼ばれた8mmフィルム（9.5mmもあった）の映画撮影機器では、多くの家族や地域の行事が記録された。その多くはプロの映像制作者で

はなかった。高価な映画のカメラを手にしたのは、興味を持った芸術家だったり、写真の愛好家であったり、撮影をする動機を充分に持った比較的裕福な市民だった。今、家庭に眠っていた小型映画のフィルムを再生し、デジタル化する取り組みを行う知人がいる。地域と家族の記憶が貴重な記録として再生される。ビデオ機器が家庭用の民生機として普及した頃、その機材を使って撮影していたのも同じような層の人々だった。

　東京ビデオフェスティバルは、ビデオ機器の進化と並走しながら、43回を数えた。これまでに応募された映像作品によって驚くほど豊かな映像表現の広がりを掴み取ることができる。同時にその記録は、時代の変遷と様々な地域社会問題、家族や学校といったコミュニティの課題を写し取っていた。

　TVFは2008年（平成20年）が30年の節目となり、翌年の開催でひと区切りとなった。日本ビクター㈱が、主催者としての運営を断念し、2009年（平成21年）の31回で終了した後は「NPO法人　市民がつくるTVF」が主体となってTVFの名称を繋いだ。1978年（昭和53年）の第1回から2009年（平成20年）の31回までの応募作品は累積で5万本に及ぶ。その後も応募数は150本程度に減少しているものの、優れた作品が寄せられている。このビデオ作品の集積は、すでにひとつの映像文化史である。

　TVF発足から数年間で、さまざまなタイプのビデオコンテストが各地で開催されたのだが、大規模なものは10年程度で閉じていった。地域に残るものでも、「ビデオ」「コンテスト」という名称は消えていき、映画祭、映像祭へとシフトしていった。なぜ、TVFだけが発足からの動機を維持しながら活動を継続したのか？　その理由は基本理念にあると思っている。

　TVFの最も重要な意義は、さまざまな立場の「市民」が、ビデオを共通の表現ツールとして何かと向かい合い、映像作品として発信し、それを携えて参加できるということにある。こうした市民映像の重要な拠点を、日本ビクターが一社で主催し続けたことはむしろ奇跡的なことだったのかもしれない。このフェスティバルに集まった作品とその背景である時代の変遷をたどることで、市民映像の文化史が見えてくる。

　TVFがスタートする1978年（昭和53年）といえば、家庭用のビデオ機器が発売されてはいたものの、まだ一般には高価なものだった。ソニーがベータ・マックス〔1975年（昭和50年）〕、ビクターはVHS〔1976年（昭和51年）〕と、二種類の1/2インチビデオカセット方式の規格が発表され、後にメーカー各社を二分す

る。VHS開発の物語はNHKの番組『プロジェクトX』第2回で「窓際族が世界規格を作った　VHS・執念の逆転劇」〔2000年（平成12年）4月4日〕として放送され、その後は長編劇映画『陽はまた昇る』〔2002年（平成14年）〕にもなっている。

　その頃は、1/2インチテープのビデオカメラは、映像教育の現場でもまだそれほど普及していなかったはずだ。ビクターが家庭用VHSビデオカセッター（当時はこう呼んでいた）「HR-3300」を発売するのが1976年（昭和51年）である。1979年（昭和54年）には家庭用VTR全体の生産が200万台を超え、20万円を切る製品が現れる。しかし、VTRの世帯普及率が40パーセントを超えるのは1987年（昭和63年）である。

　おそらくこの頃までは、TVFはビデオ機器の宣伝・販売促進の場として、メーカーの目的とも一致していたはずだ。その後はCSR（Corporate Social Responsibility　企業の社会的責任）といった大義で市民ビデオの広がりと発展に貢献することが第一義となる。周知のとおり、日本ビクターという会社名は現在残っていない。会社はJVCケンウッドとなり、JVCのブランド名でビデオや音響機器を生産販売している。

　ビデオをめぐるメディア環境が大きく変化するのは、記録システムが大きく更新されたことによる。1995年（平成7年）にデジタルビデオの一般向け規格がmini-DVに統一され、映像のデジタル処理は、パソコンレベルでのビデオ編集を可能にした。ノンリニア編集と呼ばれるこのシステムはその後急速に普及し、これまでアマチュアにとって最大のネックであったビデオ編集を、自宅でも可能なパーソナルな作業にしていった。プロとアマを隔てていた画質という側面も既に決定的な差ではなくなっていた。同時期に映像系だけではなく、社会学やメディア学を専門とする大学にも普及していった。取材やリサーチの際の記録として、あるいはドキュメンタリー制作が課題に取り入れられた大学も多い。高校や中学校の放送部や部活動でも、高画質な撮影と高度な編集が可能となっていった。

　2021年（令和3年）の現在、TVFの応募作品ではビデオテープはもちろんmini-DVも姿を消そうとしている。DVDでの応募も減少し、SDカードや動画ファイルでのやり取りが増えている。撮影機器や編集システム、記録媒体の変化も、その時代の映像作品の内容に影響を与えたと言えるだろう。

　TVF42年の変遷を幾つかのキーワードで辿れば、おおよそ次のようになる。

プロとアマチュアとアーティストの混在
市民ジャーナリズムの萌芽
自分史の登場
ビデオ・アクティビズムとの連動
地域からの情報発信
学校教育現場への広がり
市民ジャーナリズムの定着と拡大

それぞれのキーワードで括られるような作品が、時代とオーバーラップしながら現れた。先行するキーワードは消えたわけではなく、これらが足され続けた歴史だったと言えるだろう。そうした幾層もの多発的な運動もまた、市民映像の特徴と言える。

市民映像が向き合った地域の課題

① TVF の初期の動向と市民映像作家たちの課題

この項では特に地域との関係で作品の特徴を振り返ってみたい。

第1回目のビデオ大賞は中学校の放送部員による『走れ！ 江ノ電』〔1978年（昭和53年）〕[*3] だった。プロ・アマ問わずとは言っても、中学生グループがビデオ大賞に選ばれたのは象徴的な出来事だった。この川崎市立御幸中学校の放送部員だった佐藤実は、日本ビクターに入社しTVFの事務局を経て、現在のNPOでも運営の中心人物である。江ノ電が好きで、地域の風景に溶け込んで走る姿を、四季を通じて記録した中学生たちによるこの映像は素朴な感動を呼んだ。この作品を起点として、市民ビデオという言葉は、フラットな基準を意味するひとつの理念となっていった。

ちなみに、第1回の審査委員は、社会心理学者の南博、映画監督の大林宣彦、映画評論家の荻昌弘、漫画・アニメーション作家の手塚治虫、ビデオ作家の山口勝弘、小林はくどう、という顔ぶれで、TVFの提案者でもある小林はくどうさんが作品選定の中心であった。

小林さんとTVFの発足に向ける日本ビクターのスタッフの考えは、ひとつの方向を向いていた。「これからのビデオはアートの領域だけでなく、人々の生活文化を市民の立場から捉えた作品が数多く登場するはず。そうした作品を

集めたフェスティバルがあってもいいのでは」という小林さんの問いかけに呼応する形で、TVFの準備が進んでいったという。

　その後、記録映画監督の羽仁進とビデオ作家の中谷芙二子が審査委員に加わる。中谷さんの加入は特に国内と海外のビデオアーティストの参加を増加させた。アマチュアとアーティストがこうしたフェスティバルで共存することはむしろまれで、TVFではその後10年ほど絶妙なバランスでこの共存が続いている。もちろん山口勝弘、小林はくどうの両氏も作家でもあったことから、1980年代前半に世界各地で開催された国際ビデオアート展などでの交流が、海外の作家を呼び込んだと思われる。キーワードとして最初に挙げた「プロとアマチュアとアーティストの混在」はこうしてTVFに導かれた。

　私とTVFとのつながりは、大学の3年まで遡る。日本大学芸術学部映画学科では、商業映画よりも実験映像や個人映画に惹かれていた私は、中谷芙二子さんの「ビデオアートの授業」にすぐにのめり込んだ。その後は、大学の研究室で中谷さんのお手伝いをしながら、東京ビデオフェスティバルの存在を知った。中谷さんのクラスで制作された作品を取りまとめて応募をするうちに、TVFの事務局の皆さんとも顔なじみになった。

　2000年の秋に、中谷さんがお父様（中谷宇吉郎博士）の記念館建設でどうしても多忙になったという理由で、急遽審査の仕事を引き受けることになった。最初の年はゲスト審査委員として参加し、その後は正式に審査委員に加えていただいた。とはいえ大林宣彦、羽仁進、椎名誠、小林はくどうといった審査委員の皆さんに意見を言わなければならないのだ。TVFは審査委員による個別の個人賞を設けることはせず、ひたすら論議によって受賞作を決定していた。

　こうした審査過程ではしばしば論議が白熱し、激昂して退室する審査委員もあったという。初めて審査会に参加した時には、昼食を終えたあとに椎名誠さんから、「これからがバトルですよ」と脅されたのを覚えている。

　中谷さんの後任という形で参加したこともあり、私の役割はビデオアート作品を擁護し推薦することだと意気込んでいた。小林はくどうさんが行っていた予備審査もお手伝いすることになり、私にはアート作品と思われる作品が事務局の担当者から回ってきた。多い年には500〜600本くらいは観ていたと思う。この時に海外のアート作品から多くのことを学んだし、世界の動向を知ることができた。

　TVFの応募者には、何度も優れた映像を応募し続けた、いわば「常連」がい

る。『走れ！ 江ノ電』の御幸中学で放送部の顧問だった原勤先生は、同校で『たった1人の赤帽さん』『空白の心』〔1979年（昭和54年）〕、『翔んでいく朝』『歌を忘れたカナリア』〔1980年（昭和55年）〕を指導し、その後も住吉中学の放送部で『初めてのキャンプ』〔1982年（昭和57年）〕、『なにかがくるった！〜銀輪公害〜』〔1983年（昭和58年）〕などを制作している。

　この回で特選を受賞した『なにかがくるった！〜銀輪公害〜』は、駅前の駐輪場のマナー違反を中学生たちが厳しく追及し、その怒りのインタビュー場面が印象に残っている。通路が塞がれることに不快感を持っていた当事者たちは、ビデオを使ってこの地域の問題を広く知らせることになった。

　あるいは、鹿児島県の赤木仁一さんは『行商のおばあちゃん』〔1985年（昭和60年）〕、『ドンドンさま』〔1986年（昭和61年）〕、『祭り』〔1987年（昭和62年）〕、『水鳥カイツブリ』〔1988年（昭和63年）〕、など地域の話題を取材し続け、『ニコニコ農園』〔1989年（平成元年）〕では特選を受賞する。この映像は、脱サラし新規就農した福田さん一家4人の暮らしを追ったものだった。自身も農業を営む赤木さんは、撮像管が3本のビデオカメラと2台のVTRを使って映像制作を続けていたというから、ビデオ機器の愛好家であったと言っていい。農業と地域との関係については後述するが、地域の農業は政府の減反政策等で苦境に立たされていた時期である。行政に対する異議というよりは、地域に生きる覚悟とたくましさが描かれていた。

　地域から寄せられる映像は、そのテーマや取材対象で分類されていても不思議ではないのだが、それらに力を与えたのは「ビデオジャーナリズム」という言葉だった。TVFにこの言葉と概念を加えたのは、アメリカのビデオジャーナリスト、ジョン・アルパートと元新聞記者の河田茂の両氏だったと思う。

　ジョン・アルパートは現在までに3度のビデオ大賞を含む13作品が入賞しており、娘のタミさんや若いスタッフとの共同制作、あるいは本人の名は出てこないが、彼らのDCTV（Down Town Community Television Center）によって制作された作品も多く寄せられている。

　DCTVはアメリカが育んだ初期のコミュニティ・ビデオの思想を実践し、その活動はビデオ・アクティビズムの先駆としても知られる。1972年（昭和47年）にパートナーの津野敬子とともに設立した時から、地域が抱える困難な問題にカメラを向け、少人数の機動性と長期にわたる取材で、既成のメディアでは見ることのできない細部に着眼した。たまたまアパートの隣同士だったいう津野

敬子と出会った頃、ジョンはタクシードライバーをしていたそうだ。その組合活動をビデオで記録したことが、ビデオジャーナリストへの第一歩だったと書かれている。

　彼らの取材対象は近隣の地域から出発して、その後は国内だけでなく、世界中の紛争地域や辺境地にも及んでいる。DCTVとジョンを有名にしたのは、まだ国交のないキューバの取材とカストロの単独インタビュー映像だった。この時は野球の試合をするという理由で一般市民の立場で入国している。

　また、特筆すべきは彼らがドキュメンタリーを撮り続ける一方で、地域の子供たちや社会的な弱者であるマイノリティーの住民に、ビデオ制作を教え続けたことである。定期的なワークショップや上映活動も継続していて、そこからプロとして巣立った作家もいる。

　TVF2021にはDCTVのワークショップで制作されたという2作品が応募された。『Making Her Mark』は17歳と18歳のグループ制作で、力強いメッセージを発し続ける3人のストリートアーティストを取材したドキュメンタリーだった。『A Lost Voice』は制作当時18歳の中国系アメリカ人が自ら受けた幼少期からの差別と疎外感をアニメーションで表現した作品だ。

　TVF第3回〔1980年（昭和55年）〕の大賞作品『Third Avenue：Only The Strong Survive』はDCTVにとっても初のエミー賞受賞作品であった。この時の作者名は津野敬子＆ジョン・アルパートとなっていた。DCTVの活動が世界中のビデオジャーナリストに影響を与えたように、TVFでも国内外から優れたドキュメンタリー作品が応募された。地域の問題を、その地域の人が伝える。大切なのは問題の大小ではなく、作者の固有の視点である。ビデオの扱いは初心者でも、地に足のついた取材が堂々とした作品を作り上げる。

　DCTVがアメリカ国内の様々な問題や、世界各地の紛争地帯に着眼したことに対して、河田茂さんの映像は身近な問題を扱った自分史に近い。第14回の大賞作品『破れ表紙の人生アルバム』は新聞社を定年退職した河田が、これまでの人生をユーモラスに振り返る自分史の先駆であった。第19回では『カラスなぜなく』が3度目の大賞作品となった。身近なカラスの生態を観察し、人間関係と対照しながらユーモラスに描いた。『老いなずむ』（1999年第22回「20世紀大賞」）は、70歳で発生した自身の性的不能と向かい合うという、印象に残る自分史映像であった。

　TVFはこうして世界的なビデオジャーナリストと、いわば定年後の余技の

ような自分史が、同じ土俵で大賞を競った。極端なコントラストのようだが、二人の作品に共通しているのは自分の視点というぶれない軸である。眼前の事態と向かい合うのはカメラではなく私自身であるという意識は、ドキュメンタリーのムーブメントとしての、プライベート・ドキュメントにも共通する。80年代の「自分探し」の延長として、批判的に語られることもあるが、私的映画は確実にドキュメンタリーの次代を切り開いた。作者でもある撮影者が堂々と自分の立場を主張すればいいし、美しい声でなくても作者自身が語ればいいのである。

　こうした動向を見ながら、私の興味は次第に個別の映像表現から市民映像固有の映像にシフトし広がっていった。日本各地から応募された地域の話題についての映像が年を追うごとに面白くなってきたのだ。

　2002年（平成14年）は私がTVFの正式な審査委員になった年でもあり、この時の受賞作は特に記憶に残っている。熊本県の佐藤亮一さんは、川辺川ダム建設の、地域住民を無視した推進手段に強く憤り、『ダムの水は、いらん！』〔2001年（平成13年）〕を制作した。川辺川流域の球磨郡相良村に住み、人吉市で学習塾を営む市民映像作家である。

　川辺川ダムは1966年（昭和41年）に計画された、利水、治水、電源開発、流水調整などの多目的ダムであった。この作品では、まず川辺川流域での農業の実態をリポートする。相次ぐ減反や、水田農家が茶葉生産や酪農に転業したこともあり、既に利水は必要ないとする声が高い。かつての灌漑事業で作られた用水路の水で十分であるという。

　川辺川流域の美しく豊かな自然を描写し、既に上流にダムがある球磨川本流との合流点を映し出す。川の中央ではっきりと分かれる濁流（本流）と清流（川辺川）の映像は、作者の無言の抗議を代弁する。作品の最後のパートは、川辺川総合土地改良事業の変更計画の同意書に、住民の署名・捺印が集められたが、この過程に詐欺まがいのインチキがあったと訴える。川辺川利水訴訟は2003年（平成15年）5月16日、福岡高裁控訴審判決で住民が逆転勝訴する。決め手は1100人分の「ウソ署名」だった。『ダムの水は、いらん！』はこの裁判に証拠として提出されている。

　利水訴訟で敗訴し、計画の変更を迫られた国は、今度は、水害に対する治水の必要性を報告書にまとめる。そうした動きに対し、佐藤さんは『ダムは、いらん！』〔2003年（平成15年）〕という映像で対抗する。河川の増水による事故とし

て報告されている事例を一件ずつ訪ね、事故が川の増水とは無関係であるという証言を得る。もしも上流にダムが建設されていたとしても、助かった可能性のあるケースは、一例もないと言う。この執念深く、地を這うような取材には脱帽した。地域を愛し、川を愛する作者は、なんとしてでもダムを阻止しようとしている。彼はまた自作のビデオ上映と地元出身の歌手とのジョイントイベントを開催し、また夏の2日間をかけて、人の手で川の源流水を海まで運ぶ「源流水リレー」を10年間継続していた。地域に根ざすアクティブなビデオジャーナリストである。

2008年（平成20年）に蒲島郁夫・熊本県知事が白紙撤回したダム建設計画は、2020年（令和2年）7月の豪雨をきっかけに流水型ダムとして再度建設容認の方向に進もうとしている。長崎県川棚町の石木ダム建設でも、佐世保市への水道水供給や治水の大義は疑問視され、多くの住民が反対運動を継続している。佐藤亮一さんらが守った川辺川流域の美しい環境も再び破壊の危機にある。

一方で愛媛県の黒河貫さんが制作した『子供達と共に』〔2001年（平成13年）〕は当時設けられていた2つのグランプリ作品のひとつである「日本ビクター大賞」を受賞した。黒河さんは『12年間の飛跡』〔1999年（平成11年）〕では白鷺の生態を記録し、『小さな緑』〔2000年（平成12年）〕では老いで耳が遠くなった妻の日常を静かに描き、市民映像作家として多くの優れた作品を制作していた。そして、この作品で見せた観察ビデオへの執念にはひたすら感心した。さらに、ビデオ映像の活用方法として、クイズ形式で楽しめるように工夫された映像を持って、近所の小学校で出張授業を行う様子が記録されていた。通常のレンズでは撮影が難しい対象を、雨樋などを組み合わせた自作のレンズで捉えていた。その後も黒河さんは、『カイツブリ』〔2007年（平成19年）〕や『雲雀』〔2009年（平成21年）〕で近所の環境の変化とカイツブリやヒバリの巣立ちまでを観察していた。

自然や生き物を観察した秀作はその後もTVFのひとつのグループとなっている。学習教材として活用している事例としては兵庫県の谷口正治さんの作品が挙げられる。谷口さんは元中学校の理科の教師で、退職後は里山の保全活動や地域の子供たちの体験学習を支援している。『進化をなぞる〜ニホンアカガエルの観察〜』〔2016年（平成28年）〕やお孫さんと段階的に疑問を解決していく『僕とおじいちゃん〜月を科学する〜』〔2020年（令和2年）〕は、撮影が秀逸な傑作だった。

② 過疎化と高齢化に向かい合った映像作品

　過疎化と高齢化は切り離すことができない問題として、その集落を覆っていく。解決を模索してもこの難問は容易には出口を示してはくれない。悲観的になりがちなそうした集落ではあるが、いくつかの事例はそこに一筋の光をさしてくれるかのようだ。

　内田一夫さんは埼玉県に住み、これまでにも地域の話題を取材した優れた映像を残している。『限界集落に命の糧と元気を運ぶ』〔2013年（平成25年）〕では、移動販売車で食料を届ける夫婦の姿が描かれていた。車を止めれば集落の人が集まる。近隣にお店がない集落の高齢者にとっては、ここに集まることも楽しみのひとつとなっている。販売車の場所まで来られない人の家からは電話で注文が入り、玄関先まで届けてくれる。夫婦の販売車は一人暮らしの高齢者の見守り役も兼ねているようだ。

　『心満たす焔』〔2015年（平成27年）〕では飯能市でユニークな薪ストーブを制作している職人を訪れた。薪は間伐材を活用するだけではなく、購入した家庭に特別な空間を作り出す。応援する人も多い。『消えゆく村の記憶』〔2017年（平成29年）〕は、埼玉県小鹿野町両神地区に伝わる甘酒祭の存続の危機を描いていた。深刻な話題ではあるのだが、内田さんと地域の人々とのやり取りは、とても温かい。ほんの小さな循環ではあるが、ホッとするような映像を発見する。

　同じ年の入賞作品『美しき過疎』〔法政大学水島宏明ゼミ　2017年（平成29年）〕は、長野県栄村を学生たちが訪れる。地域の人たちと移住者との交流、それを見つめる若い制作者たちの気持ちが、少し変化していることが分かる。もちろん一時的に地域を訪れ、その地の良さを発見したとしても、それが過疎地の解決につながるわけではない。しかし、それでも、若い作者たちの美しい動揺とその記憶は、どこかに活かされていくのだと信じたい。

　神奈川県の藤井喜郎さんは地方紙の記事などから興味のある話題を拾うのだと聞いた。『都会の構造改革ダチョウ特区』〔2006年（平成18年）〕は、当時話題になっていたダチョウの飼育で新たな産業を起こそうという試みだった。『伝統技を継ぐ』〔2007年（平成19年）〕では、木場の角乗りを通じて、木遣の継承者と子どもたちと交流する姿を描いた。『田舎暮らしの真実は』〔2008年（平成20年）〕では、老後のセカンドライフのために長野県の山村への移住を決めた夫婦の物語だった。その8年間の記録には、近年の田舎暮らしブームのように魅力ばかりではない現実も提示されていた。『蚕道を極める』〔2009年（平成21年）〕は、神奈

川県の藤野に定住し、草木染めと、古道具を活用した養蚕を守るカナダ人男性の物語だった。この地ではすでに養蚕を知る家も少なくなっている。糸を紡ぐ古い道具などを修理して、かつての手順で丁寧に絹糸を引き出し、染色して織る。今では蚕道の達人のように、その技を若い人たちにも伝えている。

　内田さんや藤井さんは、どのようなモチベーションでこうした作品を作り続けているのか？　ひとつの理由は映像制作を通じて興味のある話題を探し、人と出会い、その出会いの素晴らしさを伝えようという真っ直ぐな動機だと思う。もうひとつは作品を持ち寄ってビデオクラブで発表することの楽しみ、そこでの交流があるだろう。TVFへの応募も制作の意欲に繋がると語ってくれた。

　北海道の留萌に住む有沢準一さんは、地元の話題を探し続け、自作の映像作品と上映機材を携えて、自ら上映するという活動も行っている。『一本曲げかんじき』〔2006年（平成18年）〕では、後継者のいない木工の技をじっと見つめていた。『鮭に魅せられた男』〔2007年（平成19年）〕や『かずのこに生きる』〔2019年（令和元年）〕は留萌の水産業の歩みを丁寧に綴り、その中心的な人物にフォーカスした。留萌はかずのこの生産量が日本一の地域で、加工場の創業者・木村誠一さんの試行錯誤で、現在の黄金色の美しい商品ができ上がったことが分かる。

　『大型書店がやってきた』〔2014年（平成26年）〕は、書店のなかった留萌市に進出した大型書店を、なんとか維持しようという街をあげた取り組みに感心した。一方で『ふる里の想いをのせて95年』〔2018年（平成30年）〕で描かれたのは、留萌と増毛間16.7キロを走った鉄道が廃線になった経緯と、かつてニシンの貨物輸送の拠点だった頃の様子だった。この映像には不思議と悲壮感はなく、駅の跡地をどのように利用するのかが前向きに検討されていた。前向きな印象は有沢さんの地域愛が映像作品に反映したからかもしれない。TVFには毎回のように北海道から駆けつけてくれる有沢さんは、83歳と高齢だがいつも元気で明るい。

　地域の記録と家族の記録が結びついた傑作もあった。佐藤均さんの『石を拾う』〔2001年（平成13年）〕は、新潟で暮らす妻の父が末期癌で闘病している様子が描かれていたのだが、『我が北越雪譜』〔2005年（平成17年）〕はその続編にあたる記録だった。義父は積雪がひどくなると毎年雪降ろしの手伝いを乞う連絡をよこした。口数は少なかったがビデオ制作には関心を持っていて、作者を「先生」と呼んでいた。亡くなった義父が残したビデオテープに、一緒に屋根の雪

降ろし作業をする「先生」の姿が写っていた。義父との共同作業はこの作品を完成させることでもうひとつが加わった。

滝田浩子さんの『The factory history』〔2006年（平成18年）〕は、不思議な作品だった。祖父が築いた常滑焼の工場・滝田陶管は閉じられることになる。土管の生産が主だったこの街の歴史と風景を、丁寧に見つめる作者の視線には悲壮感はなく、予め決められていた物語のように、工場の最期の火がゆっくりと消えていく。遠景には中部国際空港が見え、若い作者は街の未来を見ているようだった。

『山古志に生きる～新潟中越大震災から10年～』〔2016年（平成28年）〕は、神奈川県在住の金子喜代子さんの交流の記録でもある。『山古志を継ぐ～震災から15年そしてその先へ～』〔2020年（令和2年）〕では、幾度もの訪問でお世話になった人々の現在を写した。この映像は、伝統の「牛の角突き」を守り続け、震災の翌年にも長岡市で開催した復興のリーダーで故・松井治二さんへの手紙という形式で綴られたビデオレターでもある。震災の記憶は薄れ、当時のように取材対象にもなりにくい地域で、15年にわたって小さな交流を重ねた作者の想いが美しい。

③ 地域で発生した困難を地域だけの問題にしない

映像の制作者が地域を訪れ、その交流の様子が記録される時、その動機や背景に大きな事件や災害があることは珍しくない。しかし、災害規模と被害の大きさはそこを訪ねることを戸惑わせる。特に、東日本大震災とその後の福島第一原発の事故は、あまりに甚大な被害と影響を及ぼした。3.11に関係する映像は、劇場公開された記録映画やテレビ番組でも膨大な数になる。テレビでは「震災を忘れない」といったシリーズもあり、毎年3月になると大きな特集が組まれる。今年の3月11日は10年の節目であるために、各局が特集を組んで放送していた。

2013年から8回を数える「福島映像祭2020　ふくしまのこえ」は2020年9月19日から25日まで、東京東中野のポレポレ東中野を会場にNPO法人OurPlanet-TVの主催で開催された。『春を告げる町』〔監督・撮影：島田隆一　2019年（令和元年）130分〕といった長編ドキュメンタリー映画に加えて、『風の電話』〔監督：諏訪敦彦　2020年（令和2年）139分〕のように、震災を背景にした劇映画も上映されている。短編映像やテレビ番組もこの映像祭ではとりあげている。「江古

田映画祭─ 3.11福島を忘れない─」は2021年 2 月27日～ 3 月12日に第10回が開催された。武蔵大学と正門前のギャラリー古藤を会場として、これまでにも記録映画、市民映像、学生作品まで幅広く上映されてきた。

　3.11を巡る映像は、制作された時期によって制作意図や目的に違いがある。地震発生直後から数年は、「現認報告」と事態の全体像をつかもうとする「総論」が多い。まずは被害の実態を把握しようとするもの、地震と津波の発生のメカニズムや原因を究明しようとするもの、原発事故の原因や事故発生の責任を問うもの等が挙げられる。

　その後の取材は「各論」へと変化する。地域や集落を特定して細部を描こうと試みる。これらの取材対象は、農業・林業・水産業の被害、家族を失った人たち、仮設住宅・復興住宅での問題、避難者とその後の暮らし、自主避難者の孤立、学校生活や子どもたちの変化、放射能汚染・除染のその後、福島第一原発の廃炉作業、各地の復興に向けた取り組みなど、山積する難問の細部に着眼した映像が増えていく。時が経つにつれて様々な状況下での「分断」という言葉も浮かび上がる。2021年（令和 3 年）は再び「総論」で振り返ることになるだろう。

　これらの膨大な映像はアーカイブされ、「忘れない」ために整理され、将来のために分析される必要がある。もちろん 3.11に限らず、その後に発生した地震や豪雨災害でも同様である。

　TVFの応募作品を見ても、2013年（平成25年）頃からは 3.11東日本大震災のその後を伝える作品が増えていく。大学生による優れた作品が現れるのは、各大学でのゼミ単位の取り組みの成果であると考えられる。

　中央大学FLP松野良一ゼミは『被災地との絆～日の出町から田野畑村へ～』〔2013年（平成25年）〕、『絵手紙に綴られた東日本大震災』〔2015年（平成27年）〕などを制作した。また、『南阿蘇に生きる』〔2019年（令和元年）〕では南阿蘇村に移住して23年になる夫婦を訪ねる。2016年（平成28年） 4 月の熊本地震で住居は甚大な被害を受け、夫婦の生活を大きく変えた。これらはいずれも対象を絞り込んだ各論に相当し、短編ではあるがその細部は丁寧に描かれている。

　北星学園大学ジャーナリズム研究会は『津波が残した記憶～震災遺構と向き合う町～』〔2016年（平成28年）〕を制作した。宮城県南三陸町志津川の防災庁舎を震災遺構として残すのか？　震災の記憶を繋いでいきたい市民と家族をなくした当事者との溝が埋まらない。 4 年間の賛否を巡る議論の末に、2015年（平

成27年）に宮城県が遺構としての保存を前提とした県有化の提案を示し、保存する方針に動いた。震災遺構を巡っては宮城県石巻市で74人の児童が犠牲となった大川小学校でも同様の論議があった。

　上智大学水島宏明ゼミによる『ふるさと〜6年目の決断〜』〔2018年（平成30年）〕は、福島から東京・江東区へ避難した夫婦の新たな生活を取材している。原発事故による避難者は、帰宅困難区域以外の自主避難者も含め多くの問題を示した。避難者と被災者（放射線の影響で帰宅困難になった住民）との分断は、補償金の有無や、県営・市営住宅の住み分けなど、住民たちの分断も生んでいる。県外や遠方への避難者は借り上げ住宅の費用補助も打ち切られるなど、行政の対応にも問題が残る。

　上記の作品だけではなく、各地の大学生が被災地を訪れ、様々な課題と向き合った取り組みがあることは知っている。映像制作だけが目的ではないからだ。そして、3.11を巡る映像はTVFでも学生作品に限らない。『廃校になった高校で〜双葉町との出会い〜』を制作した堀切さとみさんは、2011年（平成23年）3月末に、双葉町から1400人が集団避難した埼玉県の旧騎西高校を取材している。避難は長い人で2年に及んだが、2013年2月12日には当時の井戸川克隆町長が辞職、役場はいわき市に再移転し12月27日には入所者全員が旧騎西高校から退所した。双葉町はこれまでに地域復旧復興事業や復興まちづくり計画、核廃棄物中間貯蔵施設建設計画など、国と県の行政に翻弄されてきた。その経緯は堀切さんが編集した長編や、『双葉から遠く離れて』〔監督：舩橋淳　第1部2012年（平成24年）96分、第2部2014年（平成26年）114分〕でより詳細に知ることができる。

　他には湯本雅典さんの『福島県教職員組合　双葉支部の心』〔2017年（平成29年）〕が印象に残っている。湯本さんは元小学校の教員で、退職後は独自の視点で映像作品を発表している。この作品では震災で分校化し、離散した小学校の子どもたちや、その後のケアをする教師たちが描かれている。元教師だからこそ、細かな課題に気が付き丁寧な取材ができている。湯本さんはこの作品の前に、こうした取り組みと困難を『福島　浜通りの学校』〔2015年（平成27年）40分〕として自主制作でDVD化していた。同業者だからこそ分かる苦悩や工夫は、農業者や漁業者の交流でも共有されている。

　日本国内の問題の中で、最も注意深く取り組むべき対象が沖縄である。沖縄については、これまでにも多くの映像が制作されているが、大きく分けると3

つにグループ化できる。

　1）1945年6月23日に事実上終結する「沖縄戦」を調査し伝える。
　2）戦後から1972年までの復帰までの困難を伝える。
　3）復帰から現代までの問題に取り組む。

　基地と米軍の駐留に関する問題は、沖縄で発生した多くの事故や犯罪・事件など、発覚するたびに沖縄の住民たちの怒りとして伝えられてきた。「普天間基地返還・辺野古移設」を巡る「県民投票」は記憶に新しい。また、「オスプレイの配備」「高江地区のヘリパッド建設」「石垣島の自衛隊ミサイル基地配備」など、進行中の問題も多い。

　沖縄の問題に取り組む時の困難さとは何だろうか？　もちろん僅かな紙数で問題を要約することなどできない。それは、住人と地域の自治体、地域と沖縄県、沖縄県と日本国政府、政府とアメリカという幾層にも重なった複雑な対立軸や賛否を背負っているからだ。沖縄やその地域だけの問題ではないにもかかわらず、対立の現場には常に沖縄の当事者たちが立たされる。抗議活動で座り込むのも、それを前面で排除しようとするのも「ウチナンチュ」だという悲劇がある。地域の住人の対立や分断は、映像で見ていてもつらい。

　まずは、見ること知ること、実際に訪れてみることは重要である。ここ数年、沖縄在住の映画監督・三上智恵さんは「沖縄三部作」と呼ばれる長編映画を次々に劇場公開した。『標的の村』〔2013年（平成25年）91分〕、『戦場ぬ止み』〔2015年（平成27年）129分〕、『標的の島　風かたか』〔2017年（平成29年）119分〕の3作品で、その後に琉球朝日放送の同僚だった大矢英代さんとの共作で『沖縄スパイ戦史』〔2018年（平成30年）114分〕を発表している。

　初の長編映画となった『標的の村』は、琉球朝日放送時代にテレビ番組として制作され、その後、劇場公開用に長編として編集された。三上さんもテレビ局のレポーターとして画面に登場する。劇場公開の動機は、沖縄ローカルで放送されただけで終わらず、全国の人に知ってもらいたいからだった、という。この映画は、東村高江地区に建設されようとしていたヘリパッドの反対運動を描いていた。最も印象的なのは、普天間基地の機能を麻痺させようと住民たちが自家用車でバリケードをつくり、抵抗する姿であった。座り込む住民たちを排除する沖縄県警の若い警察官たちに、前線で対峙する住民が「お前たちも沖

縄県民だろ！　もうこれ以上、沖縄県民と戦いたくないですって言えよ！」と迫る。

　三上智恵さんは映画と同名の撮影記を出版して、映画にならなかった部分やその後の推移を文章で補足している。あるいは、書籍『戦場ぬ止み　辺野古・高江からの祈り』の巻頭にはQRコードを付けて、自身のウェブマガジン「三上智恵の沖縄〈辺野古・高江〉撮影日記」と連動して取材動画が確認できるようにした。沖縄在住の映画監督による長期間の丁寧な取材は、沖縄の「現在」を知り、確認する最良の教科書であると思う。

　私は『標的の村』の沖縄での放送版（47分）を直接、三上さんからいただいた。自分が担当する授業では何度も参考作品として見せた。しかし、コメントペーパーなどでは「思想が偏っている」とか「反対運動に加担しすぎている」とか「授業で扱うべきではない」といった意見も書かれた。もちろん、学生たちにも様々な立場や反論はあるだろう。そして、ある問題や被害についての強い意思表示や抗議活動に対して、公平中立や不偏不党、両論併記といった俯瞰した態度に身を置く姿勢は根強い。私はそういう意見に出会うたびに「この映像を入り口にして、中立とは何処か？　誰が本当のことを主張しているのか？　を自分で探してほしい」と伝えることにしている。

　問題が大きく複雑だからといって、誰でもが見聞きしたことを判断して、自分の意見を言うことは保証される。物見遊山から出発したとしても、次のステップに踏み込むかどうかはとても重要な転換点だと思う。

　そうした困難さに対して市民映像はどのような態度を取るべきか？　難題とまともにぶつかった作品が寄せられた。北星学園大学・阪井宏研究室の学生が制作した『銃を置いた兵士たち〜消えていく沖縄戦秘話〜』〔2015年（平成27年）〕は、これまでにあまり知られていない沖縄戦の出来事にたどり着いた。沖縄県慶良間諸島にある阿嘉島で、アメリカ軍から島の日本軍に対して、無血降伏を呼びかけられた。この映像は、和平交渉会談が密かに行われていた事実をリポートしようとした。会談が長時間にわたったために、両軍の合意のもとに日米の兵士100名が、海岸で昼食をとったという事実に、1枚の写真とともにたどり着く。TVFの審査会でも話題となった作品だった。

　2021年（平成3年）2月に武蔵大学のイベントでこの映像制作の過程をあらためて聞くことができた。取材内容を映像作品の中で使うことが許されず、取材先からは「例外的な事例をとりあげて全体が曇る可能性がある」と言われたそ

うだ。取材相手のこうした反応があることも、学生たちには大きな発見となったことだろう。阪井先生は「よそ者として現場と繋がる」という表現をしていたが、体験から得た示唆だと解釈できる。多くの場合、取材者はよそ者だし、取材行為は相手にとっては迷惑な場合もある。特に、何かの被害者やその関係者への取材は、瘡蓋を剥がしに行くような行為でもある。市民映像作家の立ち位置は、まずは取材相手への配慮だと思うし、中立や公平ということよりも、相手の立場を理解してその話を丁寧に聞くことだと思う。

　一方で沖縄出身の学生による秀逸な映像作品もあった。ドキュメンタリーというよりは自分の心情を素直に告白するエッセイのような作品だった。塚原真梨佳さんは滋賀県の大学に通っている時にこの『Gray Zone』〔2013年（平成25年）〕を制作し、TVFに応募してくれた。グレイは白と黒の間を意味していて、沖縄の基地の問題は自分にとっては常にグレイなのだと言う。高校の同級生で沖縄の大学に通う友人にも話を聞いているのだが、「どれだけ反対しても、県民大会で声を上げても、一度も変わったことがない」と諦め気味に話す。様々な立場の住人がいることも彼女たちは知っている。塚原さんの父親は自衛官である。オスプレイの構造上の危うさを話す父親の言葉は説得力がある。娘である作者は父親の立場も理解している。対立ではなくて理解。その結果が個人的にはグレイであっても、正直な映像は素晴らしい。翌年には『Dear Flying Shisa』〔2014年（平成26年）〕で、離島間の急患空輸を担う自衛官の父親を中心に描いた。家族にしか描くことができない細部は美しく、父親とのやり取りは深く印象に残る。

　TVF2021には、『於茂登　命をめぐる水と生きて』〔蔵原実花子　2020年（令和2年）〕が届いた。東京在住の作者は、石垣島の嶺井善さんと喜友名朝徳さん（96歳）、喜友名朝秀さん（76歳）の話を聞いている。朝徳さんは本島北谷村からの計画移民で、1957年（昭和32年）から開拓を始め、於茂登岳の麓の水源を給水するシステムを作った。石碑に刻まれた「大御岳ぬ清水」は、石を発見した朝徳さんによる。建設現場では陸上自衛隊ミサイル部隊配備計画が反対声明の中で進められる。基地建設は水資源への影響がある。利水環境の変化、地下水に頼る現状、駐屯地の貯水ダムの問題、水の汚染への危惧が反対の理由だ。

　しかし、この映像は激しい反対運動ではなく、喜友名さんたちのゆっくりとした話で終始する。建設現場を背景にした嶺井さんの話しぶりも穏やかで、この土地の平穏さが脅かされている事実を推して知ることができる。石垣市議会

が自衛隊の土地利用を認めた日、朝徳さんは、いつものようにほうれん草の収穫作業をしていた。「よそ者」ではあっても問題の当事者に寄り添うことができることを示していた。

② 今日の地域映像祭での地域づくりにつながる取り組み、そこで生まれる映像作品

地域の魅力と場所の力

　2021年（令和3年）になってから、私は1冊の本を読んでいた。芹沢高志さんの『別府』〔2020年（令和2年11月20日刊行）〕を手にとったのは偶然ではない。芹沢さんのことは、直接お会いする前から「P 3 art and environment」のディレクターとしての活動を通じて知っていた。P 3として開いた東京四谷の東長寺の地下スペースでは、ドイツのメディアアーティスト、インゴ・ギュンターの作品を展示するなど、最新のアートの斬新な見せ方と展開に惹かれていた。

　直接お会いしたのは2002年（平成14年）頃だったと記憶している。一時ではあるが沖縄での仕事をご一緒させていただいた。その頃の芹沢さんは「アサヒ・アート・フェスティバル」の事務局長や、北海道で展開した「とかち国際現代アート展『デメーテル』」の総合ディレクターの仕事をされていた。「とかち」は訪れることができなかったが、その時のカタログなどを見せていただいた。

　『別府』を手にとったのは、もちろんそれまでの著作を読んでいたからだが、それ以上に何かの必然のように思っている。現代美術を地域で展開している例はいくつもある。私が直接足を運んだものでは、「越後妻有アートトリエンナーレ　大地の芸術祭」〔2000年（平成12年）から、新潟〕、「ヨコハマトリエンナーレ」〔2001年（平成13年）から、神奈川〕、「アサヒアートフェスティバル」〔2002（平成14年）から、東京〕、「中之条ビエンナーレ」〔2007年（平成19年）から、群馬〕、「瀬戸内国際芸術祭」〔2010年（平成22年）から、四国〕、「山形ビエンナーレ　みちのおくの芸術祭」〔2014年（平成26年）から、山形〕、「さいたまトリエンナーレ　さいたま国際芸術祭」〔2016年（平成28年）から、埼玉〕、「Reborn Art Festival」〔2017年（平成29年）から、宮城〕などがある。

　他にも、2019年の「表現の不自由展　その後」で注目された「あいちトリエン

ナーレ」〔2010年（平成22年）から、愛知〕、「札幌国際芸術祭」〔2014年（平成26年）から、北海道〕、「奥能登国際芸術祭」〔2017年（平成29年）から、石川〕、小規模のものでは、「糸島芸農　糸島国際芸術祭」〔2012年（平成24年）から、福岡〕などがある。こうして並べると過剰な印象もあるが、それぞれの地域で開催する意味は充分にあると思っている。特に近年では、作品に何らかの形で映像が組み込まれた作品も多く、映像の見せ方として興味深く鑑賞している。

　「別府現代芸術フェスティバル『混浴温泉世界』」は、芹沢さんが総合ディレクターを務めた地域のアートフェスティバルである。これまでに2009年（平成21年）4月11日〜6月14日、2012年（平成24年）10月6日〜12月6日、2015年（平成27年）7月18日〜9月27日にトリエンナーレとして3回開催された。2005年から「BEPPU PROJECT」を立ち上げ、初回の準備に加わったアーティストの山出淳也さんは、当初は第1回で終了するはずだったと語る。

　また、「最近はアートを切り口にしたまちづくりの事例も多いですが、はっきり言ってアートは一切、街の抱える問題を解決しません。むしろ物議を醸し出すなど、問題を起こすばかり。じゃあ、アートの持つ意義は何なのかというと、アートと向き合うひとりひとりが今までと違うものの見方で考えることを許される場であることなんです。それぞれ違う考え方が許されて、違うことにこそ価値がある。異なる価値が共存することでいろんな可能性が生まれていく場を生み出すためのアートであり、それが街の個性を表現することにつながればいいと思っています」*4と別府とアートとの関係を語っている。

　「あいちトリエンナーレ」での物議が知られる前にも、地域の芸術祭は大きな費用を動かすために、その必要性は度々論じられてきた。今では開催年以外でも多くの作品を公開している「越後妻有」でも初回の前後には、地元からの開催を疑問視する声が多かったと聞く。

　『別府』は2012年（平成24年）の「混浴温泉世界」のために、コンセプトブックとして書かれたものだ。手元には2009年（平成21年）のカタログがある。現地を訪ねたことはなかったが、確かNHKのテレビ番組で紹介されていたはずだ。波止場神社・神楽舞台に64個の陶器を展開したサルキスの作品や、ワークショップの映像はよく覚えている。映像では見ていても、その魅力は現地に行かなければ分からないのは自明ではある。しかし、『別府』を手にしたことで、何か特別な扉を開いた気がした。

　必然を覚えたことにも理由がある。ひとつには、ここ数年、地域の芸術祭の

魅力をアーティストの切り口とは別の回路から感じていたことである。もうひとつはコロナ禍で、人口が集中する都市部の脆弱性が露呈したこと。そして、『人新世の資本論』*5から『苦海・浄土・日本　石牟礼道子　もだえ神の精神』*6と繋がった読書の流れで『別府』を読むことになったことだ。世界規模の気候変動・環境悪化、経済格差、食糧・水資源問題、日本国内での貧困問題と経済格差、農業・水産業の人手不足と食糧自給率問題、都市部と地域の格差、過疎・高齢化問題など、以前から山積する問題は、先送りされながら危機的な期限を迎えようとしている。

　こうした問題には人並みに関心を持ってはいたものの、何かのアクションを起こすこともなく、悶々と自分なりの思想の縦軸や制作活動の切り口を模索していた。学者の提言やアクティビストの行動に共感する一方で、文学を逃げ道のように選択して、アートに寄せる期待がしぼんでいくように思われた。それでも「表現と地域の営み」に何かを求めていた。だから、『別府』の文章には動揺に近い共鳴を覚えた。

　別府は、福岡での生活が長かった私には決して遠い場所ではなかった。それでも、温泉地としては何処か中途半端な観光地のイメージが先行し、積極的に訪れたことはなかった。日田や由布院、小国や杖立を訪れることはあっても、別府はなぜか目的地にはならなかった。東京に来てからも、別府に対しては熱海や伊東、あるいは鬼怒川や伊香保といった慰安旅行の団体が訪れる古い時代の温泉ホテルを重ねていた。ひとことで言えば印象が悪かったのである。

　『別府』を読み進めていくと、不思議な既視感が呼び起される。何処の土地を歩いた時だったのかは思い出せないけれども、たしかに地霊のようなものと共振できたような錯覚は覚えている。土地の記憶は、人の記憶であり、出来事の記憶であり、それを語り継いだ人たちの記憶でもある。それが想起されるのは聖地のような、霊的な場所ばかりではなく、路地を少し入った時のふと目についた光景の中だったり、高台を目指して登った時に振り返った眼下の風景だったりする。

　そんな偶然の所作と、その場所の歴史的な記憶が不意に重なるような瞬間が『別府』ではいくつも書き留められていた。その描写はしばしば映画を見るようでもあるし、実際に『二十四時間の情事』の具体的な場面など、いくつかの映画の細部が引き合いに出されている。どうしてそんな細部であるのかは、本人でないと説明できないはずなのだが、唐突な引用とその結節点には、強引な説

得力が備わっている。場所の力がそうさせているのか？　それでも、その無謀な虚実の入り混じりが、この一連の文章では本当に心地よいのだ。

　別府とその周辺の温泉に浸かるシーンは何度も出てくるが、この文章には芸術やアーティストに関する記述はごく僅かにしか現れない。偶然の出会いや会話が詳細に採集されているし、無名の誰かが趣味で集めた「限界芸術」^{*7}のような不思議な風景の集積が丁寧に描写されている。後半には美しい双子の姉妹と出会い、山間の混浴の温泉に誘われて入浴するシーンがあるのだが、そんな幻のような記述にもあっさりと身を委ねたくなる。海路の要衝であった別府湾の港と、陸路の交点でもあった街道の行き着くところが別府であり、行く人も来る人も逃げる人も逃げてくる人も、様々な記憶が交差していた「場」であったことに、不覚にも感動してしまう。自分が、身近にあったとても大きな獲物を、長年の無自覚で取り逃がしたかのような、ゆっくりとした柔らかい後悔をする。

　芹沢さんは、これから芸術祭を展開しようとする「場」を、こんなふうに眺めていたのかと思う。その眼差しが、地域と芸術、人の営みと映像との繋がりを示してくれているように思う。

　2019年（令和元年）11月、私は「直方映画祭」のひとつのプログラムに招かれていた。福岡県直方市は私の母校である鞍手高等学校がある。かつては周辺の炭鉱から石炭を集めた輸送の拠点であったために、直方駅は街の規模に比べて立派で大きかった。校歌にも「輝けるかな、石炭の層」という語句があった。現在は中心部の人口が減少し、駅前から続く商店街はシャッターを閉じ、少し離れた場所には高速道路のインターができて、バイパスの周囲には大型の店舗も進出しているが、判で押したような地方の風景がこの町でも広がっている。

　「直方映画祭」は2013年（平成25年）から直方商工会議所が中心となり、実行委員会の有志によって運営されている、地方の小さな映画祭である。駅を中心とした地域には、何度か出かけた小さな映画館は既になく（イオンシネマが郊外にはある）、映画祭はアーケード街の店舗やお寺、元病院のスペースなどを活用して開催されている。この映画祭があることは人伝に聞いていた。ゲストで招かれ、上映後のトークを行ったという知人もいた。

　上映プログラムを見ると、かなりユニークであることに気がつく。どちらかといえばミニシアターで上映されるようなヨーロッパの名作や、異端と呼ばれそうな監督、上映機会の少ない邦画などが新旧を問わずにプログラムされてい

直方映画祭での筆者トーク

た。確かに、地方の映画館状況を考えれば、シネコンしかないという地域が多い。福岡市内ではKBCシネマがミニシアターの系列だと言ってもいいが、地域の単館の映画館はほぼ壊滅的な状況にある。現在は配信のプログラムでも、新旧の名画や若い監督による邦画なども見ることはできるので、この映画祭のプログラムにあるような作品も、注意深く探せば掘り出すこともできる。それでも「映画祭」にこだわる理由はあるはずだ。

　正確に言えば私が呼ばれたのは「直方映画祭」の本体ではなく、併設企画を主催した「殿町シネマ」という団体からだった。研究会のような小さな団体だが、その熱意を伝え聞いたのは、高校の先輩でグループ現代のプロデューサー・川井田博幸さんからだった。映画祭期間中に一度だけわれわれのプログラムを上映する。川井田さんと上映作品を選定し、その映画の解説を現場で行うことが私への依頼内容だった。

　この時に選んだ二作品は、『町の政治　べんきょうするお母さん』〔1957年（昭和32年）32分、監督：時枝俊江〕、『作兵衛さんと日本を掘る』〔2018年（令和元年）111分、監督：熊谷博子〕だった。

　時枝さんは岩波映画製作所の監督として、多くの文化映画・社会教育映画を制作していた。2019年（令和元年）が生誕90年であり、直方高女（現・直方高校）

を1947年（昭和22年）に卒業していたことが分かり、地域とのゆかりもあって選定した。この頃に制作された短編の社会教育映画の類は、特集上映等を除けば、見る機会がないと言っていい。東京・国立市で定期的な勉強会を開き、町の予算と支出を調査し、積極的に政治参加したお母さんたちの記録を見てもらいたかった。

「作兵衛さん」とは、7歳から炭鉱で働き、60代で炭鉱事務所の宿直を勤めるようになってから、独自の画風で坑内の様子を記録していた山本作兵衛さんのことである。水彩画と文章で構成された1000点にも及ぶ作品は、ユネスコ記憶遺産に認定されている。

熊谷博子さんは、この映画の他にも『三池　終わらない炭鉱（ヤマ）の物語』〔2005年（平成17年）〕や『三池を抱きしめる女たち～戦後最大の炭鉱事故から50年』〔2013年（平成25年）NHK ETV特集〕など、炭鉱労働者に関する映画やテレビ番組を制作していた。『むかし原発いま炭鉱』〔2012年（平成24年）中央公論社〕という著作もある。炭鉱で栄えた町で炭鉱を巡る映画を上映する。その動機は単純な繋がりのようではあるが、とても意味のあることだと思っていた。

幸いなことに上映会場には多くの人が鑑賞に訪れてくれた。映画の内容も反映してか高齢者の方が多い。その中で、直方高女時代の時枝さんを知る人が上映後に声を掛けてくれた。こうした出会いも上映会の喜びのひとつである。一方で、上映後に町のバーで偶然に出会った若いグループは、「直方映画祭」本体の関連イベントとして山間のキャンプ場で野外上映会と音楽ライブイベントを行っていたという。客層の交流はないとしても、同時に映画を巡って多発的な集まりが開かれているのは嬉しい。次回はそちらにも関係したいと願った。

地域の映画祭は、何らかの補助金・助成金を得てスタートすることが多い。その時には、「地域の独自性」や「地域とのゆかり」が強調されすぎて、かえって行き詰まる要因ともなっている。その土地で撮影された映画や、その地域を舞台にした企画・シナリオ等を公募する映画祭もある。これらが継続の足枷になる場合もある。

そして、最大の問題はその助成期限が過ぎた後の継続だ。「直方映画祭」も2019年（令和元年）の開催からは規模を縮小することになったと聞いた。俳優や監督といったゲストを呼ぶことも難しくなったのだろう。それでも熱意のある人たちが小さな映画祭を継続していこうとしている。映画によって地域や国境を越えることと、地域の風景や記憶にこだわることがバランスよく同居して欲

しいと願っている。

　私はこの土地に対して、何かをやり残したような気持ちを抱え続けていた。中学校2年生から高校を卒業するまでの5年間を過ごしたのだが、土地の歴史やその記憶・記録についてはほとんど無知であった。ずいぶん後になって、ドキュメンタリー映像や林えいだい、上野英信らの仕事で多くの事実を知った。今、映像制作や映像教育に携わりながら、映画祭の企画を手伝うことで、この土地への興味が再燃している。

　小さな映画祭で思い出すのは、「山岳映画」だ。TVFの応募者で「山岳映画」を積極的に上映している人が二人いる。コロナ禍の2020年（令和2年）11月23日、栃木県足利市の市民プラザホールで「第23回足利山岳映画会」は開催された。多くの映画祭がオンラインでの配信に切り替えた中で、この映画会は入場数制限をしながら会場への集客を選んだ。この映画会の実行委員会代表が石川勝さんだ。石川さんはTVFにも地域の話題を届けてくれる一方で、アマチュア山岳映画の愛好者との繋がりが深い。

　山岳映画の世界では先達と呼ばれるような名人級の作者もいるようで、その歴史はフィルムの時代から続いている。ピンポイントのテーマに対して例年は300人程度の動員があるというから、こうした映画祭の事例は心強い。テーマの浸透と継続する熱意が伝播し続けるのだと思う。映画会の様子と開催までの経緯は『コロナと尾瀬とあちこちと映画会』〔2021年（令和3年）〕で観ることができる。

　石川勝さんは、地元で学童の仕事をしながら、映像制作や上映会を行っている。これまでに『冬の陽気を夏に売れ』〔2013年（平成25年）〕では、日光の天然氷の生産現場を3年間記録し、『神楽が街にやってきた！』〔2014年（平成26年）〕では、移動式神楽舞台の完成と復興へ進む地域の想いを代弁した。一方、『明治の気骨』〔2016年（平成28年）〕では、長年にわたって農民運動家として、足尾鉱毒事件の記録と鉱毒根絶運動、救済運動を続けた板橋明治さんの生涯を伝え、自らの交流の記録を残した。学童クラブの運営や、様々な行事を記録した映像も印象に残る。

　また、『旧家で育むこころとは』〔2020年（令和2年）〕で描かれたのは、「自由保育」の理念を貫き、国登録有形文化財「大川家住宅」を園舎とする「小俣幼児生活団」の5年間の記録であった。幼児たちの生き生きとした姿が、旧家の風景

の中に溶け込んでいく。節分などの季節の行事もとても魅力的に演出されている。ここを卒園した親たちが、我が子を入園させたいと願い、その教育理念は受け継がれている。

　石川さんが描く地域の豊かさは、田舎暮らしへの憧憬を誘う回路とは別の味わいを持っている。短く表現することは難しいが、地域の困難さを引き受ける覚悟が、その先にある豊かさと、細いけれどもしっかりと繋がっている気がする。

　長野県松本市での「山岳映画会」に招いてくれたのは、地元で「自撮り山岳映画」を撮り続ける吉野和彦さんだった。この時はTVFに入賞した吉野さんの自作も上映することになり、私は解説役で登壇した。吉野さんの作品はとてもユニークだ。独特の語りで登山路を解説し、しかもその映像はひとりで撮影している。登ってくるところや降りる姿をやや遠景で捉えたものである。カメラを設置して、アングルや構図を決めてから、自分で登って、降りてきてカメラを回収する。つまり、同じ登山道を一日で何度も登り降りする作業が繰り返される。その映像は麓の施設に置かれていて、登山者のガイドとしても役立っているのだという。

　また、吉野さんは海外で暮らす妻と息子たちへの思いを、登山の映像に織り込んでいる。『筑波山への想い』〔2003年（平成15年）〕、『鉢伏山物語』〔2008年（平成20年）〕、『妙義道　その葛藤』〔2009年（平成21年）〕、『懐かしき　あの頃』〔2010年（平成22年）〕など、家族へのビデオレターと山岳映画を組み合わせた新しい境地を示してくれた。

　山岳映画もある意味では場所の力を背景にしているのではないか？　愛好者が多いことはその魅力が絶えないことを示していると思う。

地域と映像制作の新しい関係

　ここ数年で農業への関心が高まっていると思う。SNSや人気の農業YouTuberによる情報の共有はひとつのブームであると言える。コロナ禍で家庭菜園や貸農場を利用した野菜づくりが増えたことも一因である。他方では地球規模で懸念される環境問題が反映しているし、豊富で美しい水量を持つ日本の国土の豊かさを再認識させたと言ってもいい。日本食の世界的な認知と、安

全な食材は海外への販路も開き、農業がビジネスとして成立する兆しを見せている。有機農法や減農薬の農業が広がり、希少野菜の栽培など少量多品種の農業は病害虫や天候不良のリスクも分散できることが分かる。生産者と消費者を直接つなぐ流通の広がりも後押ししているように感じる。

　日本は食料の自給率を積極的に上げる時期に来ていると思う。農村部の高齢化・過疎化は減反や離農による土地へのダメージを加速した。耕作放棄地が増えれば、利水の効率も落ちる。離農は連鎖的に都市部への人口流入を誘う。こうした悪循環を止めるためには、農業が儲かる商売になる必要がある。そして、食料を生産し、人とつながる仕事の魅力が再認識される時だと思う。SNSによる情報共有の功績は大きい。

　こうした状況を見ると、私は再度、何かをやり残したような気持ちになる。私が関わった地域ビデオリポーターの養成が、もう少し継続していれば面白いことになっていたかもしれない。1994年（平成6年）にCSチャンネルとして開設した「グリーンチャンネル・アグリネット」は、農業情報の専門チャンネルである。1995年（平成7年）に「アグリリポーター養成講座」というプロジェクトがスタートし、地域リポーター養成が始まった。

　私はビデオ制作のテキストを作成し、それを元に30分26回の講座番組を制作した。同時に各地で地域研修などを行いながら、地域リポーターからの映像情報を集めた。内容は各地の特産品や農産物の紹介、生産者の作業の様子や、「地産・地消」など関連イベントなどの紹介だった。全国約300地域にいる通称アグリリポーターはデジタル・ビデオカメラを使って、様々な地域の映像情報を送ってきてくれた。

　このプロジェクトでは年に一度、各地から寄せられる映像から優秀な作品を表彰する上映会を開催した。「アグリリポーターズ・コンテスト」は、農業や地域の話題に特化した小さな映像祭だった。印象に残るものでは、青森県のナマコ漁の様子やナマコを使った独特の雑煮の紹介、新潟県の厳寒の墓参りの様子は、深い積雪から墓を掘り出すように探していく。山古志の「牛の角突き」を見たのも、役場の職員からのリポートだった。熊本県阿蘇地域の酪農や集会所での団子づくりの様子も、地域の小さな祭も、その地域の人が撮影する映像には、撮影時にも油断して笑い合う人々の親密なつながりが感じられた。

　このプロジェクトの最大の成果は、こうして幾人かの突出したビデオリポーターを発見できたことだった。青森県岩木町の対馬克弘さんは、1995年からプ

ロジェクトに参加したいわば一期生である。本業の和菓子製造業の傍ら、毎年
数本のビデオで地域の話題を送ってくれた。相棒のリポーター竹谷あけみさん
を伴い、津軽弁の軽妙なリポートで楽しませてくれた。撮影技術、構成力は次
第に向上し、長期取材の見応えのあるドキュメントも制作している。

　土地柄、りんご農家の話題が多かったのだが、2002年（平成14年）にはりんご
農家の一年間を、91歳の三上友江さんを通じて描いている。季節ごとに変わる
りんご園の風景に、力強い三上さんの祝い唄が響く。取材はその後も続けられ
たが、このときの元気な映像が、翌年、三上さんの葬儀の際にお寺で上映され
たという。また、2004年には、台風の被害で無惨に落下した収穫直前の大量の
りんごの姿が送られてきた。りんごだけを無言で見つめる映像が農家の無念を
伝えていた。

　このプロジェクトは、その運営母体だった農水省の外郭団体が、ある不祥事
で突然解散したことで、あっさりと終わってしまった。グリーンチャンネルを
構成していたアグリネットも、レーシングネットも継続しているのだが、番組
制作の主体が変わってしまった。

　また、農業に特化した映像祭では「国際有機農業映像祭」がある。2007年（平
成19年）から継続しているが、2020年（令和2年）の第14回はオンラインで開催
された。農業と環境問題に関する映像は、長編から短編まで世界の状況を照射
している。ここ数年は環境悪化や遺伝子組み換えに対する危機意識が強いのだ
ろうか？　期間は1日から2日と小規模だが、重要な映画祭であることは間違
いない。

　この他には、「アース・ビジョン　地球環境映像祭」は一般社団法人地球・人
間環境フォーラムによって1992年（平成4年）から2012年（平成24年）の20回まで
開催され、その後は2017年（平成29年）まで横浜での開催が確認できる。同様の
趣旨では「グリーンイメージ国際環境映像祭」が2021年（令和3年）3月に第8
回が開催された。この映像祭は年に一度、このタイトルのイベントに加えて、
各地の環境に関する映像サイトの連携や、地域上映会、ワークショップも行っ
ている。

　環境悪化への危機意識が世界的に高まっているとは言え、こうした映像祭へ
の関心が高まっているとは言い難い。厳しい現実を見て環境問題への自覚や配
慮を促すことはもちろん重要なことではあるが、次のステップは、農業を通じ
たアクションをポジティブに捉え直すことではないかと思う。

TVFに応募された映像から、地域の農業についての映像を拾ってみる。広島県の中森義隆さんは、家族での農作業や嫁探しの困難など、プライベートな話題を織り交ぜ、ユニークな映像作品を制作している。『野菜の王国』〔1999年（平成11年）〕、『でかピーくんへの挑戦』〔2000年（平成12年）〕、『大地に生きる』〔2004年（平成16年）〕、『米づくり　親からの継承』〔2005年（平成17年）〕、『白ネギに挑戦』〔2014年（平成26年）〕など、農業を継承しながら、新しい作物にも挑む姿をコミカルな語り口で伝えてくれる。

　山口県の大野進二さんは、地域の情報の中でも伝統的な事象を丁寧に取材している。『棚田を守る』〔2008年（平成20年）〕は、棚田の保全のために導入されたオーナー制度と参加した人たちとの交流を描いていた。地道な地域の努力が、棚田の維持から始まった人の輪を広げている。『ふたりの登り窯』〔2017年（平成29年）〕も、土管づくりのための伝統の登り窯を守る防府市内末田地区の田中窯業を取材している。

　埼玉県の内田一夫さんも『小川町のベリカフェ』〔2016年（平成28年）〕で、有機農業の先駆者・金子美登さんの農場とその食材を使った地域のカフェを紹介した。小川町は有機農業の盛んな地域で、就農した移住者も増えている。

　大阪府の合原一夫さんは、『最期の田んぼ』（大阪府）という作品で、千里ニュータウンに残された最後の田んぼをレポートした。この場所が、地域の子供たちの体験学習の場にもなっている。

　こうして並べてみるとTVFの応募作品で農業を扱った映像には、ポジティブな意思が感じられる。市民映像作家の地に足のついた取材と、その地で農業を営む人々の共鳴が、前向きな力を育んでいるのではないか？　根拠はないけれどもそう信じたい気持ちにさせてくれる。

市民映像のハブとしての映像祭

　「国立国会図書館東日本大震災アーカイブ・通称：ひなぎく」には膨大な資料が集積されている。新聞によれば総数は445万件で、内訳は文書が154万件、写真が100万件と記されている。「音声・動画」のボタンをクリックすると１万9188件と表示される。膨大なデータが国立の機関で収集されていることは評価できる。

　一方で膨大なデータ数のアーカイブは、「場所」「日付」「提供元」「言語」とい

った検索の入り口は示されるものの、データの希少性や重要度、内容の分析については むしろ平板化してしまう。これはあらゆるアーカイブに共通する難問で、仮にナビゲーション機能や情報選択の道筋を示せば、そこには少なからず制作者やアーカイヴィストの偏向を許容することになる。ひとつの方法としては、美術館ガイドのようなキュレイターによる情報の選択を公開すること、あるいは利用者のリテラシーを共有することにも意味がある。

　一方で、マイクロライブラリーと呼ばれるピンポイントで収集された小さな図書館や、先述の小さな映画祭は、別の可能性も示してくれる。私は、ライブラリーがいくつもの層をなして、その行き来を促すような機能を持った機関が必要だと思う。文書であっても映像であっても同じ課題があると思っている。もちろん地域の図書館の機能は、図書の収集と公開だけではなく、地域の教育・コミュニケーションの場としての機能も重視されている。地域の中で自治体・教育機関から個人まで、いくつもの層で機能を分散し、それが利用者にも分かりやすく示されていれば面白いと思う。

　TVFが今後も役割を得るとすれば、市民映像のアーカイブであり、小さな映画祭や上映会を繋いでいくハブのような機能だと思っている。例えば、「京都国際インディーズ映画祭」は、主催者が「世界一小さな映画祭」だと自認している。2018年（平成30年）の第13回の会場は、前年に続き、廃校になった旧・吉富小学校の校舎だった。この映画祭には何度も参加している。

　主催者の広瀬之宏さんは、TVFにも京都から足を運んでくれる。その時に気になった作品の作者に声を掛け、京都への上映に誘う。私も作品選定をしているので、この映画祭で見てもらいたい作品を推薦する。京都にゆかりのある作品や、学生作品、海外の作品、地域の話題を中心にセレクトされた映像が上映される。

京都インディーズ（2017年）

TVFの入賞者で京都インディーズの雰囲気を経験した人は、必ず好感をもって上映の体験を語ってくれる。

旧音楽室の段差のある部屋に座り、選ばれた映像を観る。職員室だった場所で交流会を行い、遅くまで語り合う。事前に宿泊を希望していれば、図書館だった場所に布団を敷き詰めて雑魚寝する。まるで修学旅行のような楽しい体験ができる映画祭だ。上映会場が京都市中心部の大江能楽堂だった時には、たまり場のような古い町家の二階でも、同じように遅くまで語り合い雑魚寝をした。この開催規模が選ばれたというよりも、この体験のためにはこの規模が適正なのだと納得できる。

私はこういう連携や共有、協力関係が広がれば、映像を観ること語ること、共有すること、次に繋ぐことがセットになって循環していくように思っている。

TVF2021はオンライン開催を選択したのだが、新しい切り口や広がりを示すことができれば、この窮屈な1年もポジティブに取り込むことができると信じている。対面／ライブとリモート／オンラインは選択肢や対立軸ではなくて、次の局面では共存していくのだと思う。

（佐藤　博昭）

* 1　TVF2021のセッションは「コロナとともに」「地域：社会問題」「地域：コミュニティ」「自分を見つめる」の4つに分けて、それぞれの入賞者から話を聞いた。また、作者が相互に作品についての質問をすることもできた。入賞作品とセッションが録画されたものは下記「TVF2021フォーラム」で見ることができる。(https://tvf2010.org/TVF2021Forum2S.html)
* 2　佐藤博昭『戦うビデオカメラ』（フィルムアート社、2008年）「アクティビズムから映像教育まで」という副題を付け、映像作家の視点と様々な表現方法を解説した。引用文は「市民映像作家とは誰か」p26。
* 3　TVF入賞作品の後の年代表記は、制作年ではなくTVFの開催年とした。
* 4　このコメントは、「別府『混浴温泉世界』の10年の歴史から学ぶ、アートフェスがまちづくりに果たす役割」にある。
（https://www.lifehacker.jp/2015/09/150917_konyoku_onsensekai.html）
* 5　斎藤幸平『人新世の「資本論」』（集英社、2020年）は、マルクスの『資本論』を注意深く再評価し、現代の地球規模の様々な課題に対する提言としての解釈を加える。政治・経済・環境の諸問題に対して「脱成長コミュニズム」

を提唱している。

＊6　田中優子『苦海・浄土・日本　石牟礼道子　もだえ神の精神』（集英社、2020年）は、『苦海浄土』や『春の城』の作者・石牟礼道子の生い立ちと表現をたどり、石牟礼との対話から、「水俣」と「天草」の歴史、土地の習俗、慣習、人の営みへの石牟礼の眼差しを分析する。

＊7　鶴見俊輔『限界芸術論』（1956年）で展開された芸術の概念で、「純粋芸術（Pure Art）」「大衆芸術（Popular Art）」に対して、「限界芸術（Marginal Art）」は非専門家によって制作された、いわば無名の製作者による、ごく日常的な様々な表現形態で現れた事物を含む。工芸品や民芸品から手紙や落書きに至るまで芸術的な意図が介在しないものまでを取り込もうとした。福住廉『今日の限界芸術』（BankART 1929、2008年）は鶴見の概念を現在の無名人の表現に照射したもので、ガンジ＆ガラメのハリガミマンガ『宇宙王子サンパクガン』や警備員・佐藤修悦による駅構内の案内表示文字（修悦体）などを取り上げている。

自治体広報の新たな展開

防災、シティプロモーションに向けて

はじめに

　従来、自治体広報の主な役割は、自治体の様々な取り組みに関する情報をその地域をカバーするメディアに流したり、あるいは広報誌やウェブサイトを通して住民に直接伝えたりすることだった。

　ところが東日本大震災が発生した際、津波による大きな被害を受けた沿岸部の自治体では、被災した人の多くが避難所に避難し、また自宅にとどまった人も停電等でテレビ、電話、ネット等が利用できない中、初期段階で地元の情報を伝える上で重要な役割を担ったのは、被災者に必要な情報を集約した自治体の広報だった。このことによって大規模災害時の自治体広報の果たす役割が、クローズアップされるようになる。

　ただ、大規模災害時の自治体広報の役割が、必ずしもどの自治体にもマニュアル化されたわけではなく、5年後の熊本地震の際も、被災地の自治体の広報担当者は、大規模災害に直面して試行錯誤を重ねた。

　また、こうした大規模災害時の対応に向けた備えとともに、近年、自治体広報の新たな役割として重要になったのが、観光客等の交流人口、さらには関係人口拡大に向けたシティプロモーションである。

　シティプロモーションの取り組みとしては、首都圏、関西圏といった大都市圏でのフリーペーパーの配布からネットによる映像配信まで、多くの自治体が地域の魅力を伝えるため様々な努力を重ねている。

　この章では、そうした自治体広報の近年の動向について、いくつかの事例をもとに紹介したい。

1 大規模災害時の被災地での自治体広報

東日本大震災での対応

　2011年（平成23年）3月11日に起きた東日本大震災で津波による大きな被害を受けた東北沿岸部の自治体では、行政の広報誌と地域紙を除くと、地元の情報を伝えるメディアがほとんどないところが少なくなかった。特に、震災の被害の大きかった宮城県女川町について見ると、隣接する石巻市の石巻日日新聞社が、石巻市、東松島市、女川町をエリアとする「石巻日日新聞」を発行する他、東北地方のブロック紙「河北新報」を発行する河北新報社の子会社の三陸河北新報社が、週に1回、石巻市、東松島市、女川町、及び登米市の一部をエリアとする「石巻かほく」を発行するだけだった。

　だが、2011年3月11日の震災による津波で、人口の1割近い死者・行方不明者を出し、また市街地の7割が流され、新聞も「河北新報」は避難所の方には震災から3日後くらいに届くようになったが、宅配網は3月末まで復旧しなかった。ちなみに社屋が津波で被災した「石巻日日新聞」は、輪転機が再稼働したのが3月19日で、避難所に届くのもそれ以降となった。

　また、津波により町内全域で停電となり、市街地の多くで停電が回復したのは3月末以降だった。それ以前に外から持ち込まれた発電機で電気の供給がされた施設でも、テレビの地上波放送は中継局の被災によって視聴することができず、衛星放送と県域のラジオ放送のみが受信できる状態だった。

　こうした中、女川町で町民に様々な情報を伝えるのに大きな役割を果たしたのが、自治体の広報である。女川町総務課秘書広報係によると、「震災当初は役場も含めて町の大半が被災し、役場機能を女川町立第二小学校に移すとともに、職員も町民を避難所に誘導するのに追われる中、様々な情報が錯綜してなかなか被災の全体状況が把握できなかったが、3日後くらいから災害対策本部に警察、消防、自衛隊を始め、各避難所に行った職員や町内の様々な団体からの情報が集約され、相互に共有されるようになっていった」という。

　そして、町民に緊急に伝えなければならない生活関連や各種手続きに関する情報については、仮役場となった小学校や避難所に張り出したり、チラシにし

て配布したりする等して、可能な限り多くの町民に伝えるように努めた。そん[*1]な中で毎月の頭に発行していた女川町の広報誌である『広報おながわ』の４月号を発行するための作業が行われ、災害対策本部に集まった情報を編集し、印刷会社が津波で被災していたため、三陸河北新報社に印刷を委託して、新聞４面のレイアウトで発行した。通常の冊子形式の広報誌の印刷に戻ったのは６月号からで、さらにカラー印刷による震災前の体裁になったのは2012年（平成24年）５月号からである。

　女川町では震災前、光回線のエリア世帯カバー率は９割以上に達していたものの、高齢化率が高く、契約している人は比較的若い世代に限られており、そのため自治体から町民への情報伝達には、ある意味でネット以上に広報誌が重要な役割を担っていた。そのため震災後も『広報おながわ』の発行に力を入れ、町外に避難した町民に対しては、町のサイトにアップしてダウンロードできるようにした。

　女川町では国の事業で、町外仮設（みなし仮設）住宅住民向けに「きずなシステム」というタブレット端末を活用した情報配信を2013年（平成25年）７月からスタートしており、町外の希望者に無料で配布されるタブレットを通して『広報おながわ』を読むことができる。ただ、この「きずなシステム」は「おながわさいがいエフエム」のネット配信等、女川町関連の情報にしかアクセスできない用途限定のものであるため、必ずしも町外に避難した町民の多くに利用されているわけではない。

　また、広報誌の限界として、「原則として自治体が提供する情報、あるいは自治体に関係のある情報しか提供することができず、町内の事業者の情報については、広告契約をしているところ以外は出すのが難しく、また町民の個人的な意見を拾って紹介することも難しい」（総務課秘書広報係）という制約がある。

　このような自治体の広報誌では扱いにくいが震災復興に向けて意味のある情報について、それを代わりに取り上げたのが、震災後の４月に開局した臨時災害放送局の「おながわさいがいエフエム」や、５月に地元の新聞販売店が創刊したミニコミ誌の『うみねこタイムズ』だった。こうした形で女川町では、自治体の広報誌と新たに町民有志と町外の支援者の手で立ち上げられた市民メディアとが相互に補完する形で、町民への情報伝達が行われた。

　自治体の広報誌の課題として、「行政の立場として、情報を漏れなく掲載することに重点を置くため、大量の文章が広報誌に掲載されることになり、逆に住

民から読んでもらえなくなるといった問題が生じるため、いかに読みやすく情報を簡潔に編集し、また誌面のレイアウトも工夫してイラスト等を活用して読みやすくするのか、工夫する必要がある」（総務課秘書広報係）という。また、町民に情報を伝えるだけでなく、いかに町の外の人たちにも女川町の復興状況を伝えていくのかが大きな課題となる。

女川町の復興のシンボルとなった「きぼうの鐘」

熊本地震での対応

　2016年（平成28年）4月14日と16日に起きた熊本地震（前震。本震）の際、熊本市では震災後すぐに地元のローカルメディアとしてコミュニティFM局の「熊本シティエフエム」が、それまでの台風等での災害対応の経験も活かして、市民に必要な情報を伝える上で、局として一定の役割を果たすことができた。

　一方、前震、本震とも震源地に近くて大きな被害を受けた益城町について見ると、地元にローカルメディアがなく、広報担当のスタッフも避難所対応等に追われ、マスコミ経由での情報発信を除いて、益城町が独自に町民に震災関連情報を伝えたのは、前震から2週間近く経った27日に開局した臨時災害放送局の「ましきさいがいエフエム」、及び30日に最初の災害臨時号が発行された『広報ましき』を通してだった。

　益城町復興課広報係によると、14日の前震の後に町役場で災害対策本部が立ち上がった時は、役場はまだ停電した状態だった。その日の内に停電は解消したものの、16日の本震で電源が喪失し、役場から1キロ程離れたところにある益城町保健福祉センターでは電気が来ていたため、こちらに災害対策本部を移し、電源が復旧した5月2日にまた戻った。

　益城町ではそれまで町の広報誌である『広報ましき』を各地区の区長経由で

配布していたものの、区長の多くが避難所に避難しており、当初、自宅に留まった町民に震災関連情報を伝える手段がなかった。そのため町民に伝える必要のある情報は、避難所に貼り出すとともに、災害対策本部の方で記者会見を午前10時と午後４時の１日２回行い、そこに集まったマスコミによる報道に頼るしかなかった。

ただ、当初は停電により自宅に留まっていてもテレビを見られない世帯が相当数あり、また余震を避けて車の中で寝泊まりする人も多く、さらに高齢者の多くはスマホによる情報収集もできなかった。そして、地震で道路状況が悪く、新聞の宅配についても遅配が生じた。

なお、益城町のサイトは、前震の際には電源喪失することなく維持できたが、16日の本震の際はサーバーの置かれた部屋の配線が切断されて繋がらなくなり、そのため保健福祉センターに新たにサーバー室を設けてサイトを復活させることができたのは、１週間後の23日になってからだった。

その後、広報誌を通した町民への情報伝達が行われたのは、サイトの復活や新たに開局した臨時災害放送局による放送がスタートした後の30日で、当初は印刷所での印刷ができなかったため、役場のコピー機を使って印刷し、職員で手分けして配布した。５月中は被災した町民に必要な生活関連情報に重点を置いていたが、６月以降は生活再建に向けた支援関係の情報が中心となった。

復興課広報係では、「ピーク時に益城町の人口のほぼ半分に及ぶ１万6000人余りが余震の影響もあって避難所に避難し、広報担当の職員は避難所対応に回らざるを得なかったが、本来なら役場の内外での情報収集と町民への情報伝達に特化して動ける人の確保が必要だったのではないか」という。東日本大震災後も、大規模災害時の自治体の広報担当職員の担う役割は、各地の自治体にとってまだ明確に確立されたとはいえない状態である。

2 シティプロモーションに向けた自治体広報

首都圏、関西圏でのフリーペーパーの発行

今日、ネットの普及にともない全国各地でフリーペーパーの廃刊が相次いで

いる。そうした中、唯一、以前と変わらずに発行を続けているフリーの紙媒体として、自治体がネットにアクセスできない高齢者も含めて地域住民に情報を伝えるために発行する広報誌がある。また最近では、自治体が都市ブランドの向上のため、他所に向けて（広告モデルでなく）自らの予算で発行するフリーペーパーも誕生している。そうした紙媒体を発行する自治体の情報発信の取り組みについて、愛媛県松山市の事例を紹介したい。

　愛媛県の県庁所在地である松山市は、四国で最大の人口50万人規模の都市である。松山市では都市間競争が活発になる中、2011年（平成23年）に都市ブランド戦略課を立ち上げ、こちらが2015年（平成27年）に広報課と合併して、シティプロモーション推進課が誕生した。このシティプロモーション推進課が、市民に向けた広報と市の外に向けた都市ブランド推進の2つの事業を行っている。

　松山市は市政広報のための広報誌として、毎月2回、タブロイド判の『広報まつやま』を発行している。松山市総合政策部シティプロモーション推進課によると、「1948年に創刊されて70年以上の歴史を持つ『広報まつやま』は、通常12面構成（情報が多いときは16面構成、少ない時は8面構成）のオールカラー印刷で、松山市の25万世帯余りに全戸配布している」という。フリーペーパー『リビングまつやま』を発行しているえひめリビング新聞社の配布網を通して配布され、一部の配布困難な山間部の世帯には郵送される。

　『広報まつやま』では、市の各課から挙がってきた情報を中心に、必要に応じて担当の職員が取材して情報を集め、2週間で編集から校正まで行って発行している。この『広報まつやま』の記事で市民から大きな反響を呼んでいるのが、中学生連載企画「私たちのふるさと松山学」で、これは市内の市立中学校の生徒が順番に、学校生活等で学んだ地域の歴史や文化・偉人等を紹介していく企画である。こちらの企画では「各中学校の生徒が顔写真付きで登場し、それを家族や親戚や地域の人たちに読んでもらうことで、新たな地域学習へのモチベーションにつながるのではないか」（シティプロモーション推進課）という。

　こうした広報誌を紙媒体として発行することについて、「高齢者にとって紙媒体が最も読みやすいが、ただスマホが普及する中、市が発信する情報を『広報まつやま』を通して把握している市民ばかりではないので、紙面の情報の一部を簡略化して、より詳しい内容についてはQRコードで市のサイトを見てもらうようなこともしている」（シティプロモーション推進課）とのことだ。

　松山市ではこうした市政広報のための広報誌とは別に、松山市の魅力を主に

関東圏、関西圏を中心とした愛媛県外に発信するため、年2回、フリーペーパー『暖暖松山』（だんだんまつやま）を発行している。シティプロモーション推進課によると、「2011年に都市ブランド戦略課が誕生した際、松山市都市イメージ調査を市内だけでなく関東、関西、中国、四国の他県で行い、都市ブランド戦略ビジョンを策定したが、そこで分かったのが県外の高齢者は松山市のことをある程度認知しているが、特に関東の若い人たちの間ではほとんど認知されておらず、それでこうした関東を中心とした地域の若い人たち、特に情報発信力の高い女性に松山市のことを広く認知してもらうため、2012年にフリーペーパー『暖暖松山』を創刊した」という。

　現在、『暖暖松山』はえひめリビング新聞社の協力を得て、「関東圏、関西圏の若い女性をターゲットに情報接触度を高めるため、あくまで観光PRではなく、松山市の魅力を伝えることを目標にストーリー性のある読み物記事中心に、市のスタッフとえひめリビング新聞社のスタッフとで編集会議を開いてテーマを定め、3か月近くかけて取材、編集し、年2回、それぞれ8万部発行している」（シティプロモーション推進課）。

　また、配布はサンケイリビング新聞社の協力を得て、「関東圏の若い女性が多く住むエリアの家庭に1万5000部、若い女性が多く勤めるエリアのオフィスに3万部、同様に関西圏の若い女性が多く勤めるエリアのオフィスに1万5000部配布する他、都営地下鉄等の駅のパンフレットラックに4500部置いたり、メディアへの送付や市のイベント等で配布したりしている」（シティプロモーション推進課）という。またサイズは、「若い女性が手にとってバックに入れて持ち帰りやすいよう、そうした女性向けに表紙のデザインを工夫し、サイズもA4より少し小さめにしている」（シティプロモーション推進課）とのことだ。

　この『暖暖松山』と連動して松山市の魅力を県外に発信しているのが、2013年に立ち上がった「いい、加減。まつやま」のサイトである。こちらのサイトでも、同様に観光PRではなく、暮らし、食、自然等の生活する上での松山の魅力を伝える内容となっている。

　あともう1つシティプロモーション推進課で取り組んでいるのが、松山市への移住定住の促進であり、「いい、暮らし。まつやま」という県外から移住定住を考えているサイトの運営である。こちらは『暖暖松山』、「いい、加減。まつやま」等で伝える松山市の魅力に触れて、松山市での暮らしに関心を持った県外の人を対象に、実際に移住した人へのインタビューや、地元の若者が「松山ワカ

モノライター」として、松山市の様々なスポットの情報を紹介するコーナーが人気を集めている。

このように松山市では、市民への市政広報と（移住定住の促進等につながる）県外での都市イメージを向上させるため、フリーの紙媒体とウェブサイトを連動してシティプロモーション活動を展開している。特に『暖暖松山』のような大都市の特定のエリアで若い女性層をターゲットに配布するフリーの紙媒体のプロモーションについては、今後、その有効性が注目される。

県域民放局に代わる地域映像配信を目指して

自治体がシティプロモーションのための手段として、紙媒体以上に活用しているのがネットで、特に映像配信については今日、各都道府県が力を入れている。その中でも近年、最も注目を集めているのが、茨城県営業戦略部プロモーションチームが運営する「いばキラ TV」だろう。

茨城県は全国で唯一、民放の県域テレビ局がなく、県民が地域の情報に映像を通して触れる機会が少なかった。そのため茨城県では県民が映像で地域の情報に触れることのできるメディアとして、2012年（平成24年）10月に「いばキラ TV」を立ち上げた。

「いばキラ TV」ではスタートした当初、既存のテレビの放送を真似て県庁内のスタジオから Ustream によるライブ番組を中心に配信していた。だが、プロモーションチームによると、「報道機関ではないため事件・事故等のニュースを配信することができずにユーザー数が伸び悩み、途中から知事の記者会見や県議会中継等は別にして YouTube によるアーカイブ配信に切り替え、若い世代のスマホユーザーを、主なターゲットにするようになった」という。

特に、ＩＴ企業出身の大井川和彦が知事に就任した後の2018年4月に営業戦略部が設置され、「いばキラ TV」の運営を担っていた広報広聴課の広報部門が営業戦略部に移ったことで、「いばキラ TV」も県内にとどまらず県外（さらには海外）への茨城県の魅力を発信するパブリシティに重点を置くようになった。

「いばキラ TV」は現在、専属の職員3名で運営されており、年間1億1800万円程の委託費を広告代理店のオプトと茨城新聞社に払って年間400本余りの映像を制作して配信し、開局以来これまで1万本余りの映像を制作してきた。2020年（令和2年）11月初めの時点でのチャンネル登録者数は、「いばキラ TV」

のメインチャンネルが13万6000人余り、茨城新聞が県内のイベントのニュース映像を制作して配信するニュースチャンネルが5300人余り、県内のスポーツイベントの映像を短く編集して配信するスポーツチャンネルが1万3800人余りである。また、「いばキラTV」に会員登録（写真・動画の投稿等が可能）している人の数が2300人弱で、これまで400本余りの投稿がある。

「いばキラTV」は47都道府県が運営する動画配信サイトとして、2016年から2019年まで4年連続で、動画掲載本数、総再生回数、チャンネル登録者数の3分野でトップだった。この背景にはスタートした初期の頃から「ねば〜る君」のようなゆるキャラを考案したり、自治体として初の茨城県公認バーチャルYouTuber「茨ひより」を登場させたり、茨城県の自然の魅力を伝える「絶景茨城」や食の魅力を伝える「いばらきペロリ」のような他県の民放県域局の番組に負けない内容の人気番組を、プロモーションチームの担当者と制作会社とで話し合って生み出してきたことがある。

茨城県公認Vtuberの茨ひより

ただ、必ずしも全ての取り組みが成功したわけではなく、プロモーションチームによると、「2019年9月からモバイル向けショートビデオアプリのTikTokによる配信を始めたが、こちらは今のところ思った以上に再生回数が伸びていない」という。

今年はコロナの影響で4月以降、「いばキラTV」では取材をともなう番組の制作ができなかったりもしたが、「コロナ終息後に国内外の多くの人から茨城県が訪問したい旅行先に選ばれるよう、継続して県外へ茨城県の魅力を発信する取り組みをしていきたい」（プロモーションチーム）という。現在、「いばキラTV」では営業戦略部内の国際観光課と協力して英語の海外向け動画の制作にも力を入れている。

コロナ終息後に向けた「いばキラTV」による継続したプロモーションの取り組みは、将来の観光集客に向けて大きな意味を持つことが期待される。

（松本 恭幸）

*1　震災当初、市民が最も必要としたのは安否関連情報である。女川町と同様に東日本大震災で被災した宮城県岩沼市では、震災当日に市民の約15％が避難した各避難所で、そこに配置された職員が避難者の名簿作成を通して安否確認を行った。また、市役所から避難所を訪れる職員は、途中、被災した市内の様子を写真に記録した。そして、こうした情報を市民に迅速に伝えるため、コミュニティFM局「エフエムいわぬま」での放送とともに、紙にプリントして市役所1階の掲示板や避難所に貼り出し、多くの人に見てもらえるようにした。

　さらに、市の被災状況や復旧に向けた取り組みについて、避難所以外の市民にも伝えるため、市の広報誌である『広報いわぬま』の発行を前倒しして、A4で8ページのモノクロ印刷の別冊を3月28日に制作し、総務部の職員と各地区の区長や町内会長で手分けして配布した。

　ただ、高齢者の多くはネットを利用していないこともあり、限られたマンパワーを投入して、こうしたコミュニティFMや広報誌での市民への情報伝達を最優先したため、市のサイトでの情報更新に手が回らず、通常どおり行われるのには6月頃までかかった。この間、ネットを通した岩沼市からの情報発信は、他所から災害ボランティアに来た人たちのSNSを通した口コミ情報が中心となった。

市民メディアの現場は今

SNS全盛期における市民メディアの活動の担い手の現状

はじめに

　東日本大震災からコロナ禍の2020年（令和2年）末までの10年程の間に、市民メディアをめぐる状況は大きく変わった。

　今日、動画投稿サイトの普及により、市民が手軽に撮った映像をアップすることができるようになる中、従来の市民映像の作り手の登竜門となった市民映像祭はその数を減らし、各地のビデオクラブも若者が入らず、高齢化が進んでいる。だが、高齢者や障害者等の社会的弱者にとって映像制作は未だ敷居が高く、また大都市圏以外の地方では、映像制作を地域のプロモーションに役立てられる人材が、まだ不足している現状である。

　一方、東日本大震災までは衰退の一途だったミニコミは、災害時に必要な情報を被災者に伝える手段として注目され、紙媒体の良さを見直して地域のNPO／NGOや企業による小冊子の発行や、『食べる通信』のようなモノとセットでの新たな流通の仕方が考案されるようになった。

　また、インターネットラジオは普及しても、音声番組のみで不特定多数のリスナー獲得は難しいことが明らかとなり、市民の情報発信手段としてコミュニティFMへの市民参加の重要性が改めて認識されるようになる。そして、スペース系市民メディアとして、各地でトークライブや参加者全員が対話する哲学カフェのようなトークの場が活発に誕生し、前者はインターネット放送、後者はウェブ会議システムによるウェビナーとして、オンライン上に展開している。

　この章ではこうした市民メディアの動向について、個々の事例をもとに見ていきたい。

1 かつての市民映像の作り手は今

各地の市民映像祭

　東日本大震災のあった2011年（平成23年）頃までは、YouTuberの認知度もそれ程高くなく、多くの市民映像の作り手にとって不特定多数の人に自らの作品を観てもらうためには、ネットにアップするよりも、様々な映像祭への応募、そして地元のCATVに持ち込んでコミュニティチャンネルで放送してもらうことの方が効果的だった。21世紀に入って一般の市民が映像のノンリニア編集を手軽に行えるようになったこともあって、2011年（平成23年）頃までは全国各地で様々な市民映像祭が誕生して、市民映像の作り手の場として機能し、また新たな作り手を目指す市民向けの映像制作ワークショップのようなことを行う映像祭も多かった。

　たとえば、2009年（平成21年）に始まった「福島こどものみらい映画祭」では、震災と原発事故のあった2011年（平成23年）以降、福島の復興をテーマにした映像祭となり、学生を対象にしたワークショップ「ふくしま映画塾」が開催されている。

　ところがその後、YouTuberが職業として認知されて話題になると、その影響で一般の市民もYouTubeでの配信を目指すようになり、そこでは映像祭やCATVで公開される時間をかけて作り込まれた作品より、むしろ手軽に撮られた映像が中心となる。そのため市民映像祭は徐々に下火となって冬の時代を迎え、さらに2020年3月以降、コロナの影響で多くの映像祭が中止、あるいはオンライン開催となった。[*1]

　ここではかつて地域の情報発信の場として機能した市民映像祭として、「星の降る里芦別映画学校」の取り組みの事例を紹介したい。

　1978年（昭和53年）に日本ビクター（JVC）がVHSポータブルビデオシステムを発売したのをきっかけに、世界初のビデオによる市民映像「東京ビデオフェスティバル」の開催を発表した。この「東京ビデオフェスティバル」は、翌1979年（昭和54年）から今日まで継続して開催されている。[*2]

　北海道芦別市では、この「東京ビデオフェスティバル」の審査委員だった映

画監督の故大林宣彦が校長を務める「星の降る里芦別映画学校」が1993年（平成5年）にスタートし、2012年（平成24年）までの20年にわたって市民映像祭の形で毎年開催されたが、その第3回目からふるさとをテーマに公募した市民の作品を上映するふるさとビデオ上映会を行っている。そして、「東京ビデオフェスティバル」と連携し、応募のあった作品は全て「東京ビデオフェスティバル」に送られた。

　「星の降る里芦別映画学校」が生まれるきっかけとなったのは、芦別市が1993年（平成5年）に開基100周年（市制施行40周年）を迎え、その記念事業として旧産炭地振興の補助金等をもとに星の降る里百年記念館（郷土資料館）を開館するとともに、当時、大林映画の大ファンだった芦別市の職員が中心となり、大林監督、及び市の関係者と交渉して企画したことによる。「星の降る里芦別映画学校」実行委員会事務局長の大西俊夫によると、「映画祭」ではなくあえて「映画学校」という名称にしたのは、大林監督の方で、単に作品を上映する「映画祭」ではなく、映画を通して学ぶ「学びの場」を意識したからである。

　「星の降る里芦別映画学校」は、毎回、大林監督が芦別を訪れることが可能な時期に開催され、第1回は大林監督の講演とともに、「ふるさとCM大賞」という映像に限らずライブパフォーマンスを含めたコンテストが行われた。翌1994年（平成6年）の第2回は、ビデオ制作講座も行い、さらにその翌1995年（平成7年）の第3回から、「ふるさと」をテーマにしたビデオ作品を公募して公開審査が行われるようになった。

　「星の降る里芦別映画学校」実行委員会は、芦別市をなんとか盛り上げようと取り組んでいる人や大林監督の映画のファンをコアメンバーに、「星の降る里芦別映画学校」の開催時にはその周辺の仲間が応援で手伝いに来るといった形で運営され、また当初、数百万円あった行政からの補助金が徐々に減ってその何分の一になる中、足りない分を実行委員が協賛金を集めたり、プレイベントで行うパーティーのチケット収入や自らの年会費等で賄ったりするようになった。そして、地域を活性化するイベントとして2012年までの20年間、ボランティアの実行委員の手で継続して開催された。

　20年続いた背景には、第3回から「ふるさと」をテーマにしたビデオ作品を全国各地から公募し、公開審査を行って「ふるさとビデオ大賞」を選んで上映したことがある。「星の降る里芦別映画学校」での大林監督、その他のゲストによる講演等のプログラムと併せて、全国各地から様々な市民による「ふるさ

と」映像が芦別に集まるこの「ふるさとビデオ大賞」を目的に、毎年の開催時には、市内だけでなく全国各地から芦別を訪れるリピーターが生まれた。この「ふるさとビデオ大賞」に応募のあった作品は、計1000作品近くになり、その中から「東京ビデオフェスティバル」に送られて優秀賞を受賞した作品もある。

その後、地元自治体等からの資金面での支援がなくなり、またコアメンバーの高齢化によるマンパワーの減少等から、2012年（平成24年）を最後に映像祭の形での活動を休止し、それ以降は大林監督の芦別市を舞台にした映画「野のなななのか」のロケのサポートや上映会の開催等に限定した活動のみ行っているが、一方、芦別市での経験を受け継ぐ形で、2015年（平成27年）には大分県臼杵市で「臼杵古里映画学校」が、また2016年（平成28年）には新潟県長岡市で「長岡古里映画学校」が、それぞれ大林監督を迎えて開催された。

2020年4月に大林監督は亡くなったが、今後、これまでの「ふるさとビデオ大賞」の作品のアーカイブ化等、「星の降る里芦別映画学校」の遺産を継承した取り組みが続くことを期待したい。

地域の映像の作り手がつながるビデオサークル

かつて、市民映像の作り手の裾野拡大に大きな役割を果たしたのが、市民が制作した映像を上映し、そこに集まった作り手同士が交流することを通して、映像制作する上で様々な情報を交換する場だった。そうした場の役割を担うものとして市民映像祭があるが、頻繁に開催されるものではなく、日常的には多くの作り手にとって地元のビデオサークル等への参加がこうした場の確保につながる。

だが、こうした市民のビデオサークルも、スマホとYouTubeを使って誰でも手軽に映像の配信ができるようになってから、若い世代が加入することがなくなり、多くのビデオサークルではメンバーの高齢化が進んでいる。

ここでは2001年（平成13年）12月に東北大学大学院情報科学研究科メディア文化論研究室が立ち上げたメディア・リテラシー・プロジェクト（MLP）から派生して、そこに参加した市民映像の作り手が中心となり、2010年（平成22年）6月に仙台市の複合文化施設であるせんだいメディアテークを会場に誕生した、「映像カフェせんだい」の事例を紹介したい。

「映像カフェせんだい」のマスターをスタート時に務めた久保田順子（仙台市

民メディアネット）やMLPの窪俊一（大学院情報科学研究科准教授）によると、せんだいメディアテークでは、2008年（平成20年）6月から7階に「goban tube cafe」という仮設のカフェスペースがオープンし、ここでクリエイティブな活動に取り組む市民が様々なスタイルのカフェ企画を提案して運営することを通して、市民同士の出会いと交流の場にするとともに、新たなカフェ文化の創造と発信を目指す取り組みがスタートした。「映像カフェせんだい」は、そうしたカフェ企画として提案し採用されたことでスタートしたという。

そして、こちらで2010年（平成22年）6月から翌2011年（平成23年）3月の震災前までの期間、計6回のカフェ企画が開催された。映像カフェせんだいに集まったメンバーは、MLP代表の関本英太郎（元東北大学教授）や窪俊一が、MLPの活動の一環として仙台市の市民センターで生涯学習講座として行った映像制作ワークショップで、自らの暮らす地域を取材して映像作品を制作した人たちを中心に、個人でホームビデオ撮影をしていてさらにワンランク上を目指して勉強したいといった人たちだった。そして、毎回のカフェ企画では、集まった参加者が他の市民が制作した映像作品を観て自由に語り合った。

こうしたカフェでのトークを経て、2011年3月にはせんだいメディアテークと「映像カフェせんだい」とのコラボレーション企画として、ビデオ収穫祭という市民映像祭が行われる予定だったが、その1週間程前に東日本大震災が起きたことで中止となった。さらに、震災を機にせんだいメディアテークの運営方針が変わり、市民からカフェ企画を公募するのではなく、せんだいメディアテーク側で企画するプログラムに市民グループが参加する形となった。そして、せんだいメディアテークと仙台市のCATV局のCAT−V（キャット・ヴィ）が共同で映像制作ワークショップを行い、そこに参加した市民が制作した番組をCAT−Vのコミュニティチャンネルで放送する「ことりTV」と一緒に活動するよう求められた。

だが、「映像カフェせんだい」では映像制作ワークショップだけではなく、これまでのような市民の作り手が制作した映像をお互いに持ち寄って語り合う場を重視し、せんだいメディアテーク側と話し合った末、活動の場を外に移してそれまでどおりの形式で継続していくことになった。そして、現在は仙台市生涯学習支援センターを拠点に、活動を行っている。

参加した市民が協働でCATV向け番組を制作する「ことりTV」と異なり、「映像カフェせんだい」は参加者が（必要に応じて協力するものの基本は）それぞ

れのテーマで作品を作る個人ベースの活動なので、初めての人が参加するのに際しての敷居は低い。そして、完成した作品の発表の場として、仙台市内の商業施設であるクラックス内にある情報発信スペース「クラックスサロン」を借りて、まとめて上映会を行っている。

映像カフェせんだいの会合

　これまで震災に関する作品も作られたが、窪は「むしろ震災で失われようとする被災地の文化や人々の記憶を映像で記録して残すことが、我々が取り組む市民映像の役割ではないか」と考える。そして現在、参加メンバーの高齢化が進み、新たに学生を始めとする若い世代の参加者が入ってこない状態だが、地域の情報を映像で伝える担い手の裾野を広げていくためにも、「映像カフェせんだい」の活動を続けていこうとしている。

若い世代の市民映像制作者を育てるために

　神奈川県藤沢市で2005年にスタートした市民映像祭「湘南映像祭」を企画した森康祐が、映像を活用して市民活動支援や地域活性化を行うため、2007年（平成19年）5月に理事長としてNPO法人湘南市民メディアネットワークを立ち上げた。湘南市民メディアネットワークはこれまで関東ICT推進NPO連絡協議会の幹事も務める等、神奈川県を代表する市民の映像制作支援を行うNPOとして活動してきた。ここでは湘南市民メディアネットワークのこれまでの取り組みを通して、高齢者中心のビデオサークルとはまた別の若い世代の市民映像制作者を育てる上での課題について見ていきたい。

　湘南市民メディアネットワークの主な事業は、神奈川県内の自治体やNPO／NGOからの委託による地域の様々な映像やサイトの制作、市民を対象にし

た映像制作ワークショップ、そしてかつて行っていた「湘南映像祭」のような市民映像祭の開催である。

「湘南映像祭」はスタート時に森が湘南エリアの高校の放送部を回って応募を呼び掛けたこともあり、応募作品の半数近くが高校生からのものだった。それまで高校生を対象にした映像コンテストとして、NHK杯全国高校放送コンテストのようなものがあったが、コンテストの会場で上映されるのは入賞したごく一部の作品のみで、それに対して地域の市民映像祭である「湘南映像祭」では、サイトでの配信も含めて応募のあった作品の多くが上映されるため、地元の高校の放送部にとって貴重な作品公開の場となった。

この「湘南映像祭」が2007年からNPOの自主事業となって2010年まで開催された後、同年からかながわボランタリー活動推進基金21情報交換会からの委託事業で、「かながわNPO映像祭」の運営を行うことになった。これはNPOの様々な活動を紹介する作品を上映する映像祭で、湘南市民メディアネットワークではNPO関係者向けの映像制作ワークショップを併せて開催し、「湘南映像祭」の時からつながりのあった地元の高校生、大学生に地域のNPOを取材して活動紹介映像を制作してもらうということを行った。

また、関東ICT推進NPO連絡協議会から委託されて、2016年度（平成28年度）に「わがままCMコンテストかながわ大会」の事務局を担当し、2017年度（平成29年度）には「かながわNPO映像祭」と合体させて「かながわ市民映像祭」を開催した。

だが、2018年（平成30年）は、様々な事情で映像祭の開催に予算がつかず、また2017年6月から森に代わって理事長に就任した中野晃太によると、湘南市民メディアネットワークの方でも、「CMのような誰でも比較的簡単に制作できる作品の映像祭とセットで映像制作ワークショップを行っても、それだけで終わってしまって、なかなか継続して映像に取り組む市民制作者の裾野の広がりに寄与しないという問題に直面した」こともあり、市民映像祭の取り組みは休止した。

映像制作ワークショップは、湘南市民メディアネットワークが誕生した2007年（平成19年）から藤沢市内の辻堂青少年会館の映像制作クラブで、毎月1回、辻堂商店街と協力して子供向けの映像制作のワークショップを行っており、また藤沢市IT推進課からの委託事業で一般市民向けに、2008年（平成20年）から2011年（平成23年）にかけて「藤沢動画塾」、2012年（平成24年）に藤沢市の3地

区で「地域広報映像制作講座」を開催してきた。

　近年、特に力を入れているのが、不登校・ひきこもり等の子供たちを対象にした映像制作ワークショップである。かながわボランタリー活動推進基金21協働事業「映像制作による青少年育成支援事業」で、2009年（平成21年）から2014年（平成26年）にかけて、県内13か所の不登校・ひきこもり等青少年支援施設で 映像制作ワークショップを開催した。また、神奈川県が運営する「ひきスタ」という引きこもり支援サイトの運営を2015年（平成27年）から、児童養護施設「聖園子供の家」での映像制作ワークショップを2016年（平成28年）から行っている。

　湘南市民メディアネットワークの活動がスタートした初期の頃は、行政からの様々な委託事業があって1000万円以上の収益をあげていたが、その後、市民映像祭が開催されなくなり、また、映像制作の敷居が下がったことで映像制作ワークショップ開催への各種補助金も減少し、今では売り上げはかつての半分程度となっている。

　湘南市民メディアネットワークでは今後、「障害者や高齢者のような社会的弱者を対象に、映像制作ワークショップを通した自己表現の機会づくりや自己肯定感の向上、社会参加支援、コミュニケーションの活性化、メディア・リテラシー教育等に力を入れていきたい」（中野）という。

　この中野が指摘する市民が手軽に映像制作できる時代に、それが簡単にはできない社会的弱者を対象にした映像制作ワークショップの開催は、非常に重要である。

　あと湘南エリアのような先進的な地域では、今日、（社会的弱者を別にして）一般の市民向けの映像制作ワークショップのニーズは減少しているが、ただ、一方で日本の地方に目を向けると、地方では映像で情報発信可能な人材が不足しており、たとえば今日、地域おこし協力隊の募集で映像やネットを活用した地域プロモーションの担い手は重要な領域となっている。そのため湘南市民メディアネットワークのような取り組みをするNPO／NGOが、今後、大都市圏以外の各地でも立ち上がり、活動展開していくことが望まれる。

② ミニコミの現状

人と地域をつなぐミニコミ

　かつて1980年代までは全国各地の様々なコミュニティで、市民が情報発信するための手段としてミニコミが発行されていたが、平成の時代に入って90年代後半からのネットの普及にともない、その後の四半世紀で多くのミニコミが廃刊し、ウェブ上での情報発信へと移行していった。

　ただそんな中、2011年（平成23年）3月に発生した東日本大震災で、津波の被害でネット環境が失われた被災地では、避難所や仮設住宅で暮らす被災者に必要な情報を伝えるためのミニコミが数多く発行され、もともとネット利用率や頻度が高くない層に確実に情報を伝える手段として、伝統的な紙媒体の有効性が確認された。

　こうした大規模災害時における情報伝達に限らず、近年では改めて紙媒体の良さが見直され、各地で新たにミニコミを創刊するケースも目立つようになる。特に、地域で活動するNPO／NGOやコミュニティビジネスを手掛ける企業が、自らの活動紹介も兼ねて、小冊子形式のフリーマガジンとして発行するケースも増えている。

　その背景にはかつて敷居の高かったDTPによる制作が、プロのデザイナーでなくてもアドビ系ソフトを使ってウェブ制作並みの手軽さでできるようになり、また印刷コストも比較的安価なことがある。

　今回、ＩＴ系ベンチャー企業のサテライトオフィスが集まり、都会からクリエーターを始めとする若者が移住する町として有名な徳島県神山町で発行された、2つのミニコミを例に見ていきたい。

　2008年（平成20年）2月に神山町で、各種地域マネジメント事業を主に行う企業としてリレイションが設立された。このリレイションの発行するミニコミが『KATALOGマガジン』である。

　『KATALOGマガジン』は、四国で地域に根ざして様々なユニークな仕事や生き方をしている人を取材し、その地域に残る暮らしの知恵や風景を多くの人に紹介することを通して後世にまで伝えることを目的に、2014年（平成26年）6

月に創刊され、その後、不定期に発行されている。第4号までは徳島県からの助成金で、その後は自社の広報媒体として持ち出しで発行され、毎回の発行部数は5000部で、全国各地のコワーキングスペース、雑貨店や書店等に置いてフリーで配布している。

リレイションで『KATALOGマガジン』の制作を担当する杉大輔は、ウェブと比べて手間と時間がかり、情報の鮮度が失われる紙媒体をあえて発行する理由として、「後世にまで伝えることを考えると、将来的にウェブよりも紙媒体の方が、過去記事を検索するよりも書架に置いてあるものを手に取って、必要な人が必要な時に見てもらえる機会があるのではと考えた」と語る。

そして、編集側の主観で「いいね」と思った地域と人を選んで取材して記事にしたところ、第4号では取材した香川県丸亀市の記事が市役所の人の目にとまり、丸亀市の方で市の広報に使いたいという話になって、丸亀市の予算で新たに3000部を増刷することになった。「今後、四国の各地域とそこで活動する人を紹介する魅力的な記事を掲載し、媒体としての価値を高めることで、それを評価する自治体や企業がスポンサーとなり、『KATALOGマガジン』を継続して発行していく仕組みをつくっていきたい」(杉) という。

また、神山町で2015年(平成27年)4月に設立されたNPO法人里山みらいは、元地域おこし協力隊の隊員だった有正あかね理事長が中心となり、地域おこし協力隊の隊員が3年間の任期を終えた後も地域に留まって活動できるよう、神山町と一体となり、隊員の任期中から任期終了後も継続して活動の受け皿となる組織として立ち上げたNPOである。

神山町の地域おこし協力隊の隊員が、こちらのNPOに所属して里山の新しい価値を創る活動(すだちや梅干等の地元の商品のブランド化)、里山と都会の新しいつながりを創る活動(ふるさと納税の制度を利用した都会の人たちとのネットワークづくり)、里山の自然環境や伝統文化を伝え継ぐ活動(神山町の魅力を情報発信)、里山の暮らしに対する人材育成を行う活動(若い世代を対象にした神山町での各種体験プログラムの提供)等に取り組んでいる。

このNPO法人里山みらいが発行するミニコミ『里山みらい』は、NPOの活動を広く町の内外の人に知ってもらうため、2015年(平成27年)9月に創刊された。たまたま地域おこし協力隊の隊員の中に編集の仕事をしていた人がおり、ネットを利用しない町民にも、神山町のコミュニティの基盤となる里山の新たな価値を伝えるため、紙媒体の有効性に注目したことが発行に至った。

「マスメディアを通して神山町は、ＩＴ企業のサテライトオフィスとそこで働く他所から来た人が脚光を浴びているが、NPO法人里山みらいの活動の基盤となるのは、すだち農家や梅干農家等の神山町の里山を拠点に生活している人たちの日々の営みで、そうした町民にスポットを当てて取り上げることで、神山町の魅力を町の内外の多くの人に伝えたい」（有正）という。

　『里山みらい』は、神山町の方で他の役場関係の案内と併せて全戸配布され、ネットを利用しない高齢者も目を通し、NPO法人里山みらいには記事の内容について多くの反響が寄せられた。また、町内だけでなく、NPOでブランド化した商品を扱う全国各地の協力店舗やふるさと納税をした「神山すだち住民」にも届けられた。

　こうしたミニコミはタウン情報誌のような定期刊行物と違って発行も不定期なことが多く、また発行される期間も比較的短いが、ただより狭いエリアの地域コミュニティにフォーカスし、またその地域コミュニティの抱える課題に関心を持つ各地のテーマ型のコミュニティの中で、様々な層にリーチして人と地域をつなぐことが可能である。

　今後とも各地でウェブメディアと棲み分けながら、様々なユニークなミニコミが発行されることが期待される。

地域のモノを届けるミニコミ

　2013年（平成25年）にNPO法人東北開墾が、東北の良い食材とその生産者や生産現場を取材した記事をセットで提供して生産者と消費者をつなぐ会員制の情報誌『東北食べる通信』を創刊し、食の生産者のリアルを伝えるミニコミとして大きな話題となった。そして翌2014年（平成26年）には、全国にその取り組みを普及させるため、新たに創刊した『食べる通信』が参加するプラットフォームとして、一般社団法人日本食べる通信リーグが誕生した。

　2020年（令和２年）末までに海外を含めて56の『食べる通信』が創刊され、その内、今日発行されているのは41だが、その中から今回、2016年（平成28年）８月に沖縄で創刊され、2019年（令和元年）６月の第18号で休刊した『おきなわ食べる通信』の事例を紹介したい。

　『おきなわ食べる通信』を立ち上げた長嶺哲成は、かつて琉球新報の副読紙の週刊『レキオ』の編集や泡盛専門情報誌の季刊『カラカラ』の創刊に携わり、

その取材を通して様々な沖縄の食の生産者とつながりを持っていた。その長嶺のもとに、東京のマーケティングフォースジャパンという首都圏での沖縄の食材の流通支援をする会社から、『おきなわ食べる通信』の創刊に向けて声がかかり、沖縄と東京の２つの編集拠点

『おきなわ食べる通信』編集長の長嶺哲成さん

で運営していく際の沖縄の編集長を担当することになった。

　「マーケティングフォースジャパンとは、スーパーで販売される大量生産された食材以外に、既存の流通網には乗らない沖縄でこだわりを持った生産者が少量生産している良い食材を、それが欲しい本土の消費者に提供するため、『おきなわ食べる通信』をとりあえず最初の３年間は赤字覚悟で出し、それで黒字化しなければ見直すという取り決めでスタートした」（長嶺）という。

　もともと『食べる通信』が対象とする生産者の作る良い食材は少量生産のため、購読者を1500人以上増やすことができない仕組みになっている。だが、沖縄の場合、本土と比べてさらに小規模な生産者が多く、本来なら購読者数300人くらいが採算ラインにもかかわらず、その数を200人に絞り込まなければならなかった。ちなみに『食べる通信』には広告がつかないため、沖縄では200人の購読料から制作費や人件費を全てまかなう必要があった。

　そのため東京編集部が印刷会社への発注等を含む主に総務関係を担当し、沖縄編集部では編集長の長嶺とカメラマンの２人で取材から記事作成まで行い、版下を作成するデザイナーと併せて実質３名で『おきなわ食べる通信』を編集した。

　そして長嶺は、添加物を一切使わずに有機栽培で育てたさとうきびのみを原料に作られた「純黒糖」、西洋種と交配していない沖縄在来のアグーといった、生産者のこだわりによって生み出された沖縄の食材について紹介するとともに、そうした生産者が少しでも儲かる仕組みを提供して、次の世代の後継者に継承していけるよう、１回限りの紙面での紹介ではなく、生産者と消費者がSNS等

で継続して繋がるための交流の取り組みをしてきた。本土の消費者が沖縄を訪れて生産現場を見学して生産者と交流する「おきなわ食べるツアー」や、沖縄の生産者を東京、大阪、福岡に招いて、消費者との交流イベントを行ったりした。

だが、3年間で黒字化が達成できず、『おきなわ食べる通信』は休刊となった。長嶺は、「もし再開させるとしたら、紙媒体からウェブへの移行や、あるいは紙媒体で紹介した生産者の商品を継続してウェブ上のマルシェで購入できるよう連携させ、生産者と消費者の繋がりを育むような仕組み等が必要」という。

沖縄を含めてこれまで15の『食べる通信』が主にビジネス面で採算に合わずに休刊したが、地域のモノとセットでその生産者のストーリーを伝える『食べる通信』のビジネスモデルは、持続的な生産と消費のサイクルを育む上で大きな可能性を秘めており、紙媒体にこだわらず今後、草の根ベースでこうした取り組みが食以外の様々な分野でも新たに生まれてくることを期待したい。

3 市民ラジオの取り組み

第4章でも紹介したように、2020年（令和2年）末現在、全国に330局のコミュニティFM局が存在し、その多くで市民が参加する形の放送が行われている。だが、放送への市民参加の形態は様々で、中には単に市民が毎回、ゲストとして特定の番組に出演するだけのところもある。

一方、今日ではインターネットラジオで、市民が自ら手軽にサイトを立ち上げ、制作した番組をオンデマンド配信することができる時代になっている。ただ、映像がともなうYouTubeと比べて、音声のみの番組を市民自らネットで配信しても、不特定多数のリスナーを獲得することは極めて困難である。そのため地域のコミュニティFMというプラットフォームに乗っかって、市民が番組枠を持って放送することは大きな意味を持つ。

ここでは2016年（平成28年）4月に岐阜市のコミュニティFM局「FMわっち」で放送が始まった「てにておラジオ」の事例を紹介したい。「てにておラジオ」は、地元の市民グループが独自に毎月第2・第4日曜日に2週間分を公開収録し、完パケで局に納品して放送する市民制作番組である。

「てにておラジオ」の初代代表だった元立命館大学教授の津田正夫は、かつ

てNHKで30年近く番組制作の現場に身を置いた後、大学教員として「市民とメディア」をテーマに調査研究に取り組むとともに、日本初のNPO法人を母体とするコミュニティFM局「京都三条ラジオカフェ」で、ゼミの学生とともに市民番組制作に携わった経験を持つ。

　2012年（平成24年）3月に大学を定年退職して自宅のある岐阜市に戻った津田は、「最初は岐阜県内のCATV局で、地元の市民とともにパブリックアクセスチャンネルを立ち上げることを考えた」という。だが、全く無の状態からパブリックアクセスチャンネルを立ち上げるためには、市民が番組制作のノウハウを習得することも含め、CATV局側の全面的な協力がないと難しく、そのため「京都三条ラジオカフェ」での経験も活かして、より手軽なコミュニティFM局での市民番組制作に目標転換した。

　ちなみに岐阜市では、2000年（平成12年）10月に誕生した中間支援組織のぎふNPOセンターに関わっていた市民の間で、一時、コミュニティFM局を立ち上げようとする動きがあった。だが、先に地元経済界を中心に「FMわっち」が2002年（平成14年）7月に開局することになったため、ここで開局時から2007年（平成19年）6月までの最初の5年間、ぎふNPOセンターが、「NPOバスケット」という15分番組を毎週月曜日に制作して提供するという形で、過去に市民制作番組が放送された歴史がある。

　その後、岐阜市に新たに建設される図書館機能、地域交流機能を備えた複合施設「みんなの森 ぎふメディアコスモス」を、どのような場所にしていくのかを考える市民参加ワークショップが2013年（平成25年）夏に開催された際、そこに参加した津田は、地域映像アーカイブと市民映像祭に関する提案とともに、市民ラジオ局開局の提案を行った。この内、前者については他の参加した市民からほとんど反応がなかったものの、後者については関心を持った市民が少なからずおり、津田はそうした市民ラジオに関心を持った人たちとともに実行委員会を立ち上げた。そして、2014年（平成26年）11月に実際のラジオ放送の様子を真似た公開トークイベントを行い、市の職員にどのようなものか理解してもらった。

　その後、2015年（平成27年）7月18日に「ぎふメディアコスモス」がオープンした際は、初日から3日連続で開館行事等をミニFM局「てにておラジオ」として館内に生中継し、その一部は「FMわっち」でも放送された。

　こうして「てにておラジオ」は「ぎふメディアコスモス」のオープンに合わせ

て放送がスタートし、その後は隔週で月曜日の夕方に放送を続けたが、半径100メートル程の範囲に届くミニFMでの放送のため、リスナーは放送時に「ぎふメディアコスモス」に来る一部の市民に限られた。一度、YouTubeでの配信も試みたが、音楽著作権の問題もあって断念した。

　そのため「てにておラジオ」のメンバーは、ミニFMでの放送を継続することでメンバーのスキルアップと実績を積み重ねるとともに、「FMわっち」の方と交渉を続けた結果、月額1万円という格安の電波料で番組枠の提供を受けることになった。これにより「てにておラジオ」は、「FMわっち」の放送エリア内人口100万人余りにリーチすることになる。

　また、「FMわっち」での放送が決まった後も、「ぎふメディアコスモス」のロビーでの公開収録は、隔週で日曜日の午後2時からの時間で継続しており、収録の終わった夕方から次回の番組制作に向けた企画会議を開催している。番組の多くは、主に地域でユニークな活動をしているNPO／NGO、教育、行政の関係者や一般の市民をゲストに招いてトークするといった内容で、間に楽器の生演奏を挟むこともある。

　メンバーの多くが、主婦、あるいは仕事を退職したシニア層で、その中には津田を始め何人かの放送業界OB・OGがいて、番組の企画書作成から機材の使い方やアナウンスに至るまで、未経験者に講習を行っているが、若い世代からの参加は少なく、現在、若い人を積極的に巻き込んでいこうとしている。

「てにておラジオ」の編集会議

4 広がる市民のトーク空間

地域で開催される多様な市民講座

　ミニコミ、有線放送・オフトーク通信・ミニFMの時代からあった市民ラジオとともに、市民のトーク空間も、スペース系市民メディアとしてテーマ型のコミュニティや地域コミュニティで大きな役割を担ってきた。

　ニッチでコアなテーマ型のコミュニティを対象にしたスペース系市民メディアとしては、首都圏を中心に12軒のライブハウス（内6軒がロフトプラスワンを始めとしたトークライブハウス）を持つロフトプロジェクト、東京の東急沿線エリアで事業展開するCATV局のイッツコムの傘下にある東京カルチャーカルチャーといったトークライブハウスが有名だが、地方の地域コミュニティでもカルチャースクールで開催される一般的な内容の教養講座以外に、意外とニッチでコアなテーマ型のコミュニティを対象にしたものに近い内容の講座が開催されているところもある。

　ここでは地元在住のマスコミOBの経験を、出前講座を通して地域社会に活かそうと、福岡市で2003年11月に発足した福岡マスコミOBネットの事例を紹介したい。

　福岡マスコミOBネット事務局長の福田良郎〔元テレビ西日本（TNC）〕によると、「元NHK記者からマスコミOBによる出前講座を企画する相談を受け、知り合いの元マスコミ人に声をかけて福岡マスコミOBネットを立ち上げ、福岡商工会議所ビルにある高齢者能力活用センター内に事務所を間借りする形でスタートした」という。

　出身先の地元の主要なマスコミ各社から1社2名までを基準に運営を担う幹事が出て、毎月、高齢者能力活用センターの会議室を借りて運営会議を行ってきた。「現役の時はお互いの勤務先がライバル関係にあったため、幹事の出身構成については偏りがないようバランスをとって、組織がまとまるようにしている」（福田）という。

　また講師陣は、立ち上げ当初は75名のメンバーが集まった。「当時はマスコミの定年が今よりも早く、定年後に嘱託等で元の職場で働くということも一般

的ではなかった」（福田）ということが背景にある。ただその後、マスコミの定年延長や再雇用が増える中で、初期の頃よりもメンバーの数は徐々に減って高齢化している。

　こうしたメンバーで福岡マスコミOBネットは発足から17年間で、これまで福岡市教育委員会の後援を得て、延べ2000回以上の出前講座を開催してきた。毎年度ごとに講師陣で講演可能な300以上のテーマと、それを担当する講師とその出身が記載されたテーマ表が、教育委員会の方から福岡市内の150余りの公民館に送られ、それを見た公民館で企画する生涯教育関係の講座を中心に、選挙管理委員会の主権者教育のようなものから、企業、あるいは生涯学習団体、地域活動団体、PTA連合会、老人会等の市民団体での講演を含め、年間で120回以上の依頼があり、個別に相談の上、そのほとんどに対応している。

　講演依頼は福岡市内にとどまらず、県内各自治体、さらには一部、佐賀県からもある。講座の内容も講師が一方的にレクチャーする講演会形式だけでなく、大学のゼミのようなスタイルでのトーク空間のようなものまで、柔軟に対応している。そして、テーマ表にないテーマでの依頼についても相談対応し、講座の狙い、受講者層、細かい内容について確認して講師を選び、必要に応じてメンバーのマスコミOB以外の講師の斡旋をすることもあるという。

　テーマ表に掲載されているテーマは、「国際」、「政治・経済」、「行政・企業」、「地方分権」、「社会・人権」、「教養・文化・趣味」、「健康・人生」、「教育・子育て」、「防災・減災」、「まちづくり」、「メディア」、「広報紙づくり」等の多様なジャンルに及ぶ。マスコミOBの講師陣には、海外特派員経験者や官公庁取材経験者も多く、マスコミというブランドがあり、時事ネタや海外ネタを中心に行政が独自に企画するものよりも人気がある。

　主に市内の公民館で行われている出前講座は、平均して50名程の受講者が集まり、その多くは講師とほぼ同世代の高齢者である。特に、何か地元で話題となった出来事と絡むテーマの時は、受講者が100人を超えることもあり、過去には最大250名が受講する講座もあった。講師は毎月の運営委員会等で、地域の人たちがどんなテーマに関心があるのか情報交換して共有し、直近の話題について必要に応じて勉強する。

　福岡マスコミOBネットの会計を務める中川茂（元西日本新聞）によると、「市や県のOBが行う生涯教育関係の講座と比べて、様々な現場での取材経験をもとにした話の内容が市民にとって面白く、かつ信頼度も高いのと、あと行政出

身者と違って教養・文化面についてもカバーできるのが大きい」という。

　こうした福岡マスコミOBネットのようなマスコミ出身者のつながりによる出前講座は、マスコミ出身者の経験知を市民に伝えるスペース系市民メディアとして、福岡以外の地域でもぜひ同様の取り組みが生まれることが期待される。

市民が対話する哲学カフェ

　特定の講師や出演者によるトークライブ形式のスペース系市民メディアとは別に、もう1つの形式として、ファシリテーターのもとで参加者全員が対話する哲学カフェのようなものもある。

　哲学カフェとは、市民が様々なテーマについて自分の言葉を通して「対等性の作法」のもとで他者と対話する中、自分の考えを問い直して曖昧な点を修正し、より逞しく際立たせる場である。対話を通した何らかの合意形成を目的とするものではないが、参加した市民が自らの考えを深めることで、市民活動を下支えする機能を持つ。

　特に東日本大震災の後は、被災した東北3県の各地で、震災を経験した個々人が他者との対話の場を通して語り、また他者の話を聞く中、震災に対する自らの考えを問い直すという目的で、哲学カフェが開催された。ここでは「てつがくカフェ@せんだい」を紹介したい。

　「てつがくカフェ@せんだい」を主宰する西村高宏福井大学医学部准教授（臨床哲学）によると、「哲学カフェは、フランスの哲学者マルク・ソーテが一般の市民に哲学の魅力を分かりやすく伝えるために90年代にパリで始めて話題となり、日本では2000年以降、哲学カフェの取り組みが大阪で始まって各地に展開していった」という。

　2009年に仙台市の東北文化学園大学に着任した西村は、かつて大阪で参加していた哲学カフェのような場を立ち上げたいと考えた。その際に仙台市の複合文化施設であるせんだいメディアテークが、「goban tube cafe」という仮設のカフェスペースで、市民同士の出会いと交流の場を育む様々なスタイルのカフェ企画を募集していたことから、そこに哲学カフェの企画を提案して採用された。そして、せんだいメディアテークとの共同事業として、2010年（平成22年）5月に「第1回てつがくカフェ」が開催された。

　「てつがくカフェ」は最初、西村が声をかけた学生が中心だったが、せんだい

メディアテークの方でサイトやチラシで紹介したこともあり、回を重ねるごとにそれまで繋がりのなかった一般の社会人の参加者が増えていき、その中から運営スタッフとして関わるメンバーも出て、「てつがくカフェ＠せんだい」として組織化された。

　こうして「てつがくカフェ」は2011年（平成23年）2月までの間に関連イベントを除いて計8回開催されたが、第9回を開催する前に東日本大震災が発生したため、その後しばらくの間、活動を中断することになった。「考えるテーブル てつがくカフェ」と装いを新たに再開したのは、震災の3か月後からである。

　この頃、被災地ではまだ復旧・復興に向けて即効性のある様々な支援活動が行われていた中、西村は「哲学カフェには即効性はないものの、震災から日が浅い時期にそこに参加した市民にとって、後々で振り返って大きな意味を持つものになれば」と考えた。

　当時、多くの市民にとって個別の被災地や被災者との距離が近すぎて、震災とそれによってもたらされた諸問題について、別途、メディアを通して様々な情報に接してもしっくりいかず、対象化して語ることは難しかった。そのため被災地や被災者との距離に関係なく（また、震災当時、どこにいてどんな経験をしたのかに関係なく）安心して震災について自分の考えを語ることのできる場を、誰もがそこに自由にアクセスできる形で開くことは貴重だった。

　もちろん、中にはこうした場での対話を通して他者の言葉によって傷つく人も出る可能性があるが、ただ哲学カフェはカウンセリングと異なり、個々の被災者の心をケアする場ではなく、震災を個人の感情から引き離して哲学的に考える場であり、そこに参加したい人が参加するというスタンスで再開した。2011年6月に行った第1回は、「震災と文学『死者にことばをあてがう』ということ」というテーマで、参加者がそれぞれ震災をどのように受け止めているのかについて語った。

　その後、第2回は「震災を語ることへの〈負い目〉？」、第3回は「〈支援〉とはなにか？」、第4回は「震災の〈当事者〉とは誰か？」といった個別のテーマで開催されていく。震災から時が経つにつれて被災地では復興の格差が生じ、震災遺構の保存や震災を伝える教育の問題等、新たなテーマが生まれるようになった。

　そうした中で西村は、「自分と異なる考えの人の話を丁寧に聞いて、それを排除するのでなく尊重し、最終的にその違いを乗り越えられないかもしれないけ

ど、理解して応答しようとする対話を編む場が機能していることは、震災後の新たな地域に根差したコミュニティを構築する上でも重要ではないか」と考え、震災をテーマにした哲学カフェの場を継続している。

こうした哲学カフェのような参加者全員が対話に参加するスペース系市民メディアは、コロナ禍の今日、Zoom のようなウェブ会議システムを活用したウェビナーとしてオンライン上に場を移し、様々な形で開催されるようになっている。[*3]

「てつがくカフェ」が開催された仙台メディアテーク7階の「goban tube cafe」

5 インターネット放送によるトークライブ配信

商店街のインターネット放送局

YouTuber のような個人での動画配信を別にして、組織による地域から発信するインターネット放送は、東日本大震災の際に被災地の情報を映像で伝える市民メディアとして注目された。そうしたメディアの1つとして、福島県伊達市で地元の印刷会社のCIAが運営する「インターネットテレビFDN」では、震災後、CIAの社員が伊達市内に限らず沿岸部の相馬市、南相馬市等に足を運び、被災した地域の様子を記録した映像や、そこで復興に取り組む人へインタビューした映像を配信した。

こうしたインターネット放送での映像配信は、音声のみのインターネットラジオと異なり映像を伴うため不特定多数の人に視聴されやすく、地域を拠点に情報発信するプラットフォームとして地域の内外で注目されるようになったイ

ンターネット放送局は各地に存在する。そのひとつとしてまず東京都板橋区の
ハッピーロード大山商店街が運営する「ハッピーロード大山TV」を紹介したい。
　板橋区大山町にあるハッピーロード大山商店街は、東武東上線大山駅の南口
に位置する都内で3番目の560メートルの長さのアーケードを持ち、1日3万
4000人の通行量のある商店街である。商店街振興組合第1事業部長（イベント・
売出し等）の臼田武志によると、「商店街では昭和の時代に地元の映画館で上映
する商店街のCM映像を制作したり、また、平成に入ってからミニFMで市民
参加放送を行ったりしたこともあった」という。
　この商店街の中にサイネージモニターを設置する際、業者から提案のあった
地域情報番組を流すため、2008年（平成20年）10月にスタートしたのが「ハッ
ピーロード大山TV」の前史となる「ハローTV」で、Stickamを使ったネット配信
も行った。ただ、当時は業者に企画から制作まで丸投げ状態だったため、商店
街振興組合と業者との連携が上手くいかず、そのため2011年（平成23年）5月以
降、運営体制を切り替えることとなった。
　そして、かつてテレビのディレクターだった千種伸彰にプロデューサーを依
頼し、毎月の番組配信の企画に商店街振興組合関係者が参加し、取材等のアポ
取りは商店街振興組合が行う形で再スタートすることになり、「ハローTV」は
同年9月で終了して、同年11月に「ハッピーロード大山TV」が誕生する。
　「ハッピーロード大山TV」では現在、臼田と千種の両名を中心に、商店街振
興組合関係者や番組出演者が加わって企画会議を開催し、取材等のアポ取りや
収録場所の確保は臼田、撮影の準備は千種が行い、SNSでの発信は2人で行っ
ている。そして、番組の収録は様々な人がボランティアで手伝い、収録した映
像を編集して番組にした後は、臼田が最終確認してサイネージやYouTubeで
配信している。
　当初は商店街振興組合の理事会で費用対効果を問われたりもしたが、その後、
多くの地元の人に認知され、番組で紹介された店舗の集客につながるようにな
り、さらにこれまで「ハッピーロード大山TV」の番組を通して、商店街公認ア
イドルのCUTIEPAI・まゆちゃんや商店街公認プロレスラーのハッピーロード
マンといった地元で著名なレギュラー出演者も誕生し、多くのコアなファンを
抱えるようになった。
　そして、「ハッピーロード大山TV」を観たテレビ局のスタッフが、ハッピー
ロード大山商店街に取材に来て地上波に露出するという流れもでき、また地元

のCATV局のJ:COM板橋とも協力して、双方で撮影した番組の素材を交換することも行っている。そして、商店街振興組合では、地域のメディアとして成長した「ハッピーロード大山TV」を、様々な商店街のイベントの告知に活用している。

　こうした中で臼田がもうひとつ考えているのが、商店街の風景を映像で記録に残す取り組みである。現在、ハッピーロード大山商店街ではこれから10年程の間に再開発と大山駅付近の高架化が予定されており、これによって商店街の店舗の３分の１近くがなくなり、地域の風景が一変することが見込まれる。「ハッピーロード大山TV」は、これから10年かけて起こる地域の風景の移り変わりを、番組を続けていく中で記録し、将来に伝えていくことも期待されている。

コミュニティFM局に代わるインターネット放送局として

　「ハッピーロード大山TV」は商店街が自らの情報を発信するインターネット放送局だが、もう少し広いコミュニティFM局と同じひとつの自治体エリアをカバーし、かつコミュニティFM局と違って地域の外にも広く発信しようとするインターネット放送局として、東京の足立区北千住を拠点に人材教育会社CANが運営する「Cwave」を紹介したい。

　ネットのリアルタイム配信の先駆けとなったUstreamによるインターネット放送局「CROSS WAVE☆SENJU」（現在、「Cwave」）が誕生したのは、2013年（平成25年）７月のことである。

　人材教育会社CAN植村昭雄代表取締役社長は東北出身で、2011年３月の東日本大震災で被災地支援に携わったことをきっかけに、地域ネットワークの重要性を強く意識し、2012年（平成24年）に「SENJU X ROAD」という北千住の街を活性化するプロジェクトをスタートさせ、地元のコミュニティの人たちと一緒に様々な地域を盛り上げるイベントを開催した。

　そして、翌2013年（平成25年）５月に足立エフエム開局準備会（足立区民放送）の宮﨑誠弥代表から協力を求められ、開局までの間、自社の入居するビルのオフィスの一部を貸し出すことになり、それまで台東区でネット・ラジオによる番組配信をしていた足立区民放送が、機材を持ち込んで移ってきた。ただ、足立区民放送が独自に番組配信を行うのは週１回で、それ以外は場所も機材も空

くため、それを活用して将来的にコミュニティFM局での放送を視野に「SENJU X ROAD」に関わっているメンバーで開始したのが、「CROSS WAVE ☆SENJU」だった。

　ところが、第三セクターとして開局を目指していたコミュニティFM局は、足立区の賛同が得られずに開局の見通しが立たなくなり、足立区民放送はCANのオフィスを撤収することになる。

　そんな中、「SENJU X ROAD」のメンバーによる番組は月に80本余りに達しており、彼らが番組を継続できるよう、CANが独自に機材を調達して開局したのが「Cwave」である。隣接する葛飾区の「かつしかFM」からより自由に番組配信できる「Cwave」に移ってきたグループもいて、「Cwave」は賑わうようになり、その後、植村の方には足立区の議員や地元企業から、改めてコミュニティFM局の開局を打診する話もきた。

　だが植村は、局を維持するのに多額の売上げが必要でかつ様々な法的縛りのあるコミュニティFM局よりも、観客が自由に見学することのできるライブハウス的なスタ

Cwaveの植村昭雄局長

ジオでの「Cwave」のライブ配信を継続する方を選んだ。

　「Cwave」は現在、局長の植村と3名のディレクターで運営している。「Cwave」が独自に放送しているのは、毎月2回、足立区に繋がりのある方をゲストに招いてクロストークする『千住でクロス』くらいで、「残りの時間帯は番組を配信したい人に、場所と必要な機材、人員を有料で提供し、サイトでのプロモーションもしており、他のコミュニティFM局の番組の収録に使われることもある」（植村）という。なお、地元と繋がりのあるお笑い芸人やアイドルグループを支援するため、「彼らのライブでのスタジオ使用については使用料を取らず、ただし観客1人につき料金設定にかかわらず一律500円」（植村）で、また地元の大学の学生の活動については、まったく無料で貸し出すケースもある。

このように「Cwave」は、ある意味で地域コミュニティのサード・プレイスとして様々な地域に繋がりのある人に利用され、運営するCANでは採算を度外視して場所を提供している。だが、「Cwave」での繋がりをきっかけに学生を始めとする多くの若い人がCANに入社してコミュニティビジネスの起業に携わったり、CANと地域コミュニティとの関係がより深くなり、新しいコミュティ・ビジネスのきっかけに繋がったりする等、「Cwave」はCANにとって様々なメリットをもたらしてきた。

　また、「Cwave」は地域のインターネット放送局として、大規模災害時には必要な情報を地域の人たちに伝える機能を担っており、2019年（令和元年）10月の東日本台風の際には足立区と協力して、足立区が発信する災害関連情報を網羅する「足立区防災ナビ」というアプリの登録の呼びかけから、「Cwave」が持つ地域の人たちとのネットワークを通して独自に集まってきた情報を、インターネット放送とSNSで配信することも行った。

　こうして足立区で地域メディアとして重要な役割を果たしている「Cwave」だが、植村自身は現在、「Cwave」の今後の方向について模索しているという。というのもかつて「Cwave」がスタートした頃は、足立区と繋がりのあるお笑い芸人やアイドルグループにとって、「Cwave」の存在は貴重だったが、今日ではSHOWROOMのような仮想ライブ空間を通して、お笑い芸人やアイドルグループは個々に映像で情報発信できるようになり、また地元の若い世代の多くが、リアルな地域コミュニティよりも、ネットのテーマ型コミュニティに依拠するようになった。そのため「Cwave」の存在感は、若い世代を中心に以前よりも薄らいでいる。

　そんな中で多くのコミュニティFM局と同様、インターネット放送局である「Cwave」に今後新たにどのような役割を付与することができるのか、大きな課題となっている。

（松本　恭幸）

＊1　コロナの影響で2020年（令和2年）2月27日に、3月2日からの全国小中高校の臨時休校の要請が出されたこと等もあり、3月1日に横浜市で開催予定だった「第2回みなとみらい線沿線わがまちコンテスト」をはじめ、多くの3月以降に開催予定の市民映像祭が軒並み中止となった。また、同年5月末に

緊急事態宣言が解除された後も、日本で最も歴史のある市民映像祭「東京ビデオフェスティバル」のように、オンラインでの開催に切り替わったものが多い。

＊2　2009年（平成21年）3月の第31回を最後にJVC主催での開催が終了し、その後、当時の審査委員が発起人となって、NPO法人市民がつくるTVFが設立され、こちらで引き継いで2010年（平成22年）のプレイベントも含めて毎年開催されている。

＊3　たとえば、コロナ禍の2020年（令和2年）4月に開局した「みらクルTV」は、Zoomで収録したウェビナーを、YouTubeで配信する形のインターネット放送局である。

防災と関係人口拡大に向けた
ローカルメディアの課題のまとめ

はじめに

　第1章から第8章まで、地方紙、CATV、コミュニティFM、ウェブメディア、地域映像祭、自治体広報、市民メディアといった各ローカルメディアについて、平成から令和にかけての動向と今日の課題について見てきた。

　この章では、そうしたローカルメディアの動向の背景となる社会状況の変化と、各ローカルメディアを横断した課題の整理、そしてこれまでのような形でのローカルメディアの維持が困難となる各地方で、今後、ローカルメディアは

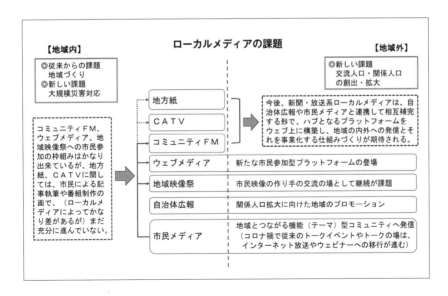

ローカルメディアの課題

【地域内】
◎従来からの課題
　地域づくり
◎新しい課題
　大規模災害対応

コミュニティFM、ウェブメディア、地域映像祭への市民参加の枠組みはかなり出来ているが、地方紙、CATVに関しては、市民による記事執筆や番組制作の面で、（ローカルメディアによってかなり差があるが）まだ充分に進んでいない。

【地域外】
◎新しい課題
　交流人口・関係人口
　の創出・拡大

地方紙
CATV
コミュニティFM

今後、新聞・放送系ローカルメディアは、自治体広報や市民メディアと連携して相互補完する形で、ハブとなるプラットフォームをウェブ上に構築し、地域の内外への発信とそれを事業化する仕組みづくりが期待される。

ウェブメディア　新たな市民参加型プラットフォームの登場

地域映像祭　市民映像の作り手の交流の場として継続が課題

自治体広報　関係人口拡大に向けた地域のプロモーション

市民メディア　地域とつながる機能（テーマ）型コミュニティへ発信
（コロナ禍で従来のトークイベントやトークの場は、インターネット放送やウェビナーへの移行が進む）

どのような取り組みを目指すべきなのか、地元の自治体や市民との関係も含めて考えたい。

新聞・放送系ローカルメディアの動向と課題

今日、多くのローカルメディアが様々な課題に直面している背景にあるのは、人口減少と少子高齢化、及びそれに伴う経済の縮小によって、地域・地方が衰退していることである。

各自治体では、移住・定住者を獲得するため、従来の観光客を中心とした交流人口だけでなく、移住・定住につながる関係人口の創出・拡大に取り組んでいるが、地域の持続的発展が見込めず、将来的に生活に必要な社会インフラや行政サービスの維持が困難になってさらに社会課題が深刻化することが想定される地域では、関係人口の獲得が困難な状況にある。若い世代に対して魅力的で多様な働き場所や働き方を提供できない地域は、関係人口の獲得が困難なだけでなく、地元の若者の大都市圏への流出をさらに加速化させることになろう。さらに社会インフラや行政サービスの低下は、近い将来、発生することが予想される南海トラフ地震のような大規模災害に対する備えにも、大きな影響を及ぼす可能性がある。

今後、各地域が関係人口を取り込んで移住・定住者を増やし、持続的発展を目指す上で大きな役割を担うのが、各地域に依拠したローカルメディアである。だが、従来のローカルメディアの多くが、自らの成立基盤となる地域の人口減少と高齢化、経済の縮小に直面し、またデジタル化の潮流に充分対応できない中、苦境に陥っている。

特に顕著なのが第1章で取り上げた全国各地でローカルジャーナリズムの役割を担う地方紙で、日本新聞協会の調査によると、多くの地方紙が過去15年程の間に2割程度、部数を減らしている。

こうした紙媒体としての新聞の市場縮小に対し、各地方紙とも電子版の発行を始めとしたネット対応を進めているが、それ以外に必要なのが、第1章で述べた「ハイパーローカル（地域密着）メディア」として、地域の市民の声に対応したオンデマンド調査報道や、地方紙（がこれまでに地域で蓄積したコンテンツ）を核にして、様々な地域の市民や自治体関係者等の情報発信の担い手が参加する「メディアプラットフォーム」の構築に寄与することだろう。他の多くの地方

紙に先駆けて、「アットエス」のような地域ポータルサイトによるデジタル事業を立ち上げた静岡新聞は、将来に向けて自らを核にした「メディアプラットフォーム」型のビジネスモデルを構想して、現在、オープンイノベーションによる大掛かりな社内改革に取り組んでいる。

　地方紙同様にCATVも、大手MSOの傘下でインフラビジネスに注力する局を別にして、独立系CATV局では、「ハイパーローカル（地域密着）メディア」として地域の情報を伝えるコミュニティチャンネルが重要になる。過疎地等の小規模なCATV局で自社での運営が難しい場合、地域に密着して地域の情報を伝えることが可能な市民（市民団体）、あるいは、他のローカルメディア等の第三者に委託して運営する方向もある。

　CATV局は地方紙よりも市民による番組制作等を含めた市民参加の仕組みが進んでいる部分が多いが、ネットのOTTサービスとの競合で多チャンネルサービスがマイナス成長となる中で、地方紙が販売店の多角化を通して行おうとしているのと同様の地域の人たち向け生活サポートサービスを、CATV局もその情報インフラや人材を活用して、新たなビジネスとして取り組もうとしている。

　地方紙がネットと競合する中で部数を減らし、販売店による宅配網というインフラの維持に苦労しているのと同様、CATV局も今後、５Ｇの時代に入ると、インフラビジネスの領域で通信事業者との競合がより激しくなる。そうした中で地域の記録や記憶を映像でアーカイブするといった通信事業者にない独自の役割を担うローカルメディアとして、CATV局が今後とも生き残るためには、CATV局同士の相互の連携と優良番組（コンテンツ）の外販等が必要になろう。そして、可能なら第２章で紹介したBTVのように、海外の放送局との共同での番組制作や映像祭の開催、社員の派遣等の様々な形での交流を通して、地域が海外と直につながることによる新たなビジネスモデルを目指すことも、大きな可能性を秘めている。

　そして、「メディアプラットフォーム」の構築という点で、既にそれに近い形を実現しているのが、第２章で紹介した中海テレビ放送だろう。最大のスポンサーである市民の側に立って、市民が制作する番組を放送するパブリックアクセスチャンネルの提供、オンデマンド調査報道を含む地域ニュース報道、地域の課題解決に向けてCATV局と市民がコンソーシアム方式で自治体や企業等を巻き込んだ情報番組の制作、放送エリア内の自治体ごとにそれぞれ地域専門

チャンネルの放送、さらに、地域発のコンテンツを地域の内外に向けて配信するための事業化といったことに力を入れている。中海テレビ放送の取り組みは、他のCATV局に限らず、「メディアプラットフォーム」事業を構想する地方紙にとっても参考になる点が多い。

コミュニティFM局は、多くの局が「ハイパーローカル（地域密着）メディア」として地域に密着して地域の情報を発信し、また自治体や地元の教育機関との連携や、市民参加の仕組みを構築している。地方紙やCATV局と異なって規模が小さい分、地域経済の縮小で広告収入が伸び悩む中、各局とも生き残りのため、番組表を兼ねたフリーペーパーの発行やリスナーのカード会員組織を設けてCMスポンサーからの会員向けサービス提供によるマッチングを図る等、様々な工夫を凝らしている。

中には第4章で紹介したFMよみたんのように、YouTubeの映像で観光客向けに地域の魅力を伝えたり、サイトにネットショップを開設してふるさと納税の返礼品を中心とした地元の特産品を販売したりする等、交流人口、関係人口の拡大に向けて寄与する取り組みをしているところもある。

ただ、ローカルメディアとして規模が小さいとはいっても、立ち上げと運用に一定のコストがかかり、開局を希望する地域は多いが、人口減少の進む地方での開局は容易ではない。特に、多くの自治体の財政に余裕のなくなった近年では、かつてのように第三セクターでの開局は困難で、ほとんどが公設民営方式を含めた純民間での開局となっている。なお、純民間で開局する地盤となるエリア内人口やスポンサーとなる事業者が充分にいない離島を始めとする地域では、市民による開局に向けた取り組みは苦戦している。

また、コミュニティFM局の運営方式は、開局から黒字経営を続けている「FMきらら」をモデルにした運営方式、日本初のNPOを母体にした「京都三条ラジオカフェ」をモデルにした運営方式等、局のある地域の環境によって様々で、何か1つベストのものがあるわけではない。個々の局が放送の継続を目指して、それぞれの地域に合ったベストの運営方式を模索する以外にないが、重要なのは多くの市民に日常的に聴かれる放送を行い、地域づくりに寄与することである。日頃から多くの市民に聴かれることで、大規模災害時において市民に必要な情報を伝える放送が、被災した市民のライフラインにもなる。

第3章で紹介したように、阪神・淡路大震災から新潟県中越地震、新潟県中越沖地震を経て、東日本大震災、そして熊本地震に至るまで、停電や回線の切

断等で通信・放送インフラの相当部分が機能しなくなる大規模災害時に、被災地で被災者に必要な情報を伝えるラジオの果たす役割は注目され、東日本大震災では様々なスキームで臨時災害放送局の開局支援が行われた。

　また、熊本地震の際には、総合通信局による送信機等の設備の被災した自治体への貸し出しも行われたことで、比較的スムーズに臨時災害放送局が新たに開局した。ただ、国による補助金の支援の仕組みがない等の問題もあり、今後、発生が予想される南海トラフ地震のような大規模災害に向けた対応が求められる。

市民、自治体によるローカルメディアでの発信の動向と課題

　これまで見てきたように近年、新聞・放送系ローカルメディアが地域の人口減少や経済の縮小に直面し、地元の自治体や教育機関、そして市民に密着して地域と一体となった新たなビジネスモデルを模索する動きがみられる中、一方で市民の側でも、独自に地域で暮らす自分たちが地域の内外に広く伝えたい情報を発信するため、新たなウェブメディアを立ち上げる動きが出てきた。

　それが第5章で紹介した、「ひばりタイムス」や「TOHOKU360」のような市民参加型ニュースサイトである。これは従来のマスメディアを含む新聞・放送系メディアの役割を代替しようとするものではなく、そうしたメディアが充分にカバーできなかった地域の情報ニーズの隙間を埋める役割を担うものである。

　ちなみに、ウェブメディアが登場する前までは、新聞・放送系メディアが充分に報じない地域の様々な課題について、代わりに市民がそれを取材して広く伝えるためには、取材記事を掲載するミニコミの発行、あるいは取材映像を作品にして市民映像祭や上映会の場で上映するしかなかった。第6章では地域の様々な課題を取り上げた市民映像が、かつて東京ビデオフェスティバル（TVF）や多くの地域映像祭に持ち込まれて上映された歴史について紹介している。こうした映像祭は、市民映像の作り手同士の交流の場としても機能し、新たな作り手の裾野を広げる役割も果たしている。

　だが近年、多くの地域映像祭は、地元自治体等からの助成がなくなって終了（あるいは規模を縮小）するケースも多くみられ、さらにそれに新型コロナウイルスの感染拡大による開催中止が追い打ちをかけている。ただ、コロナ禍でもTVFを始めオンライン開催する映像祭も少なからずあり、こうした市民映像

の上映の場としての映像祭を、（リアルからオンラインへの意向も含めて）今後どのように継続させるのか、またかつて映像祭で上映された市民映像作品をアーカイブして、公共財として活用できるようなアーカイブの構築が大きな課題となる。

　自治体に目を向けると、第7章で紹介したように、かつて地域で暮らす人に必要な行政情報を伝えるのが主な役割だった自治体広報の役割が、近年、大きく変わってきている。ひとつは東日本大震災の際に被災した自治体では、停電や回線の切断等で通信・放送インフラの相当部分が機能しなくなり、また復旧しても個々の被災地の被災者が必要とする情報がほとんど流れない中、広報担当者は、情報を集約して避難所の壁に貼り出したりチラシで配布したりすることに取り組んだ。そして、その後も長い復興期間の中で、他所に避難した住民も含めて、広報誌や自治体サイトで復興関連情報を伝えた。

　このような東日本大震災の被災地となった自治体での経験をもとに、大規模災害時の対応が自治体広報の新たな役割として注目されるようになったが、ただ各自治体でマニュアル化されたわけではなく、5年後の熊本地震の際も、被災した自治体の広報担当者は手探りの状態で被災した住民に情報を伝える作業に取り組んでおり、この点については多くの自治体で早急な対処が必要である。

　大規模災害への対応とともにもうひとつ自治体広報の新たな役割として注目されているのが、交流人口、関係人口の創出・拡大に向けたシティプロモーションである。首都圏、関西圏でのフリーペーパーの発行、インターネット放送による地域の魅力発信といった自治体の外に向けた情報発信を、今日、多くの自治体が手掛けている。

　こうした自治体の取り組みと上手く連動し、相互に補完する形での情報発信が期待されるのが、各地域で暮らす市民が担い手となる市民メディアである。けれども第6章で紹介した全国各地のビデオクラブ等で活動する市民映像の作り手は、各地の市民映像祭の終了、そして動画投稿サイトの普及で誰もが簡単に自ら撮影した映像を公開することができるようになる中、（大都市圏の大学等で学ぶケースを別にすると）各地域で新たに若い世代が育たずに全体的に高齢化が進んでいる。だが、全国各地で様々な社会課題が深刻化しており、新聞・放送系ローカルメディアが充分に伝えないそうした課題を映像で伝えたり、あるいは地域の魅力を映像で発信したりすることのできる人材は、多くの地域で不足している。

ただ、同様にネットの普及で減少していたミニコミに関しては、東日本大震災で被災者に情報を伝える手段として有効性が確認されたこと等もあって、あらためて紙媒体のメリットが見直され、各地で新たにNPO／NGOやコミュニティビジネスを手掛ける企業が発行するケースも増えた。その中には『食べる通信』のような地域の特産品とセットで消費者に届ける、新しいスタイルのミニコミも生まれている。

　また、インターネットラジオは普及したものの、ネットの音声番組のみでの不特定多数のリスナー獲得が困難なことから、こちらは地域のコミュニティFM局で市民が番組を放送することのメリットが改めて確認された。そして近年、各地に広まったスペース系市民メディアとしてのトークイベントや哲学カフェのようなトークの場は、コロナ禍でインターネット放送やウェビナーとしてオンライン上に拡大している。

　こうした全国各地での市民や自治体による発信は、新聞・放送系ローカルメディアと連携して相互に補完する形ではまだほとんど行われていないが、将来的には協力関係を深め、必要に応じてハブとなるプラットフォームを構築し、地域で一体となって、防災や関係人口拡大に向けたローカルメディアの役割を担っていることが必要になろう。

　今後、全国各地のローカルメディアの多くが歩む方向は未だ不透明だが、最後に「あとがきにかえて」の部分で、地域おこし協力隊員や移住・定住者等の市民を活用した地域からの発信について提案したい。

（松本　恭幸）

あとがきにかえて

ローカルメディアの将来の方向について

　人口減少と高齢化が進む日本の各地の自治体では、地元出身者のUターンに限らない移住・定住者の受け入れとともに、関係人口の創出・拡大が大きな課題となっている。各自治体とも移住・定住、関係人口拡大に向けて様々な取り組みをしているが、その多くは充分な成果を挙げているとは言えない状態である。

　3大都市圏の人材が3年間、地方で委嘱された仕事に就いて地域協力活動に取り組み、任期終了後はその地方で起業して定住し、可能なら新たな雇用を生み出すことを目的とした地域おこし協力隊は、2009年度（平成21年度）に制度化されて今年で13年目を迎えた。これまで一定の成果を挙げているが、受け入れ先自治体とのミスマッチによる任期途中での離職や任期終了後に任地で就業できずに離れるケースが半分で、そして起業による新たな雇用を創出して地域を活性化するまでなかなか至らないケースが多い。

　地方に他所からの移住・定住者がなかなか増えない、また一度、大都市圏に出た地方出身者がUターンしない理由として、雇用確保の問題があるが、コロナ禍でのリモートワークの拡大によって、中長期的にはそれが解決されようとしている。そうした中で今後、大きな問題となるのは、教育環境、社会インフラの維持とともに、地域の情報を地域の内外に発信して地域を活性化する情報メディア環境の維持である。

　今日、多くの地域では、第1章で紹介した地方紙や地域紙は、購読部数を減らして宅配網の維持が難しくなり、地方出版社・書店が数多く廃業し、自治体が運営する図書館、博物館の維持も、充分な予算が確保されずに内容更新ができず、運営を廃止するところも出ている。

　また、第2章、第3章、第4章で紹介したCATV局、コミュニティFM局も、経済的に厳しい状態に置かれ、地域を盛り上げる役割を果たせていない局も少

なくない。さらに、第6章で紹介した地域映像祭も、コロナ禍での開催中止や今後の継続が不透明なところも多い。

　現在の状況が続くとこうしたローカルメディアが5年先、10年先になくなる地域も多く生じるが、ただ地域を盛り上げるローカルメディアがなくなることは、地域の衰退を加速化させ、移住・定住、関係人口の確保もより困難になる。そして、近い将来に発生することが予想される東南海地震のような大規模災害に際し、地域の情報のハブとなるローカルメディアが存在しないと、被災した人に必要な情報を伝える災害対応の面のマイナスは極めて大きい。また、関係人口をどれだけ確保できているかが、被災地にどれだけ災害ボランティアで関わる人を確保できるかにつながる。

　そのため今後、各地域では、移住・定住、関係人口の確保、そして将来的に予想される大規模災害対応のためにも、ローカルメディアが育む情報メディア環境の維持が急務である。

　そして、地域のローカルメディアを維持するため、ローカルメディアが地域内に向けて提供するコンテンツを活用しつつ、地域の情報を地域の外に向けて発信することを通して、移住・定住、関係人口の拡大創出につなげるとともに、大規模災害時にはローカルメディアと地域の外を繋ぎ、臨時災害放送局の開局、避難所や仮設住宅でのミニコミの発行等が可能な人材として、第8章で紹介した市民メディアの担い手となる個人が、地域にどれだけいるかが鍵となる。そうした個人が第5章で紹介したようなウェブメディアを立ち上げて地域から情報発信するとともに、地域でローカルメディアに協力して（必要に応じてその枠を活用して）日常的に情報発信活動を行っていることが重要である。

　そんなローカルメディアの支援者として大きな可能性を持つのが、市民メディアを活用した地域情報発信の担い手としての地域おこし協力隊員や移住・定住者、第7章で紹介した自治体メディアを活用したシティプロモーションによる関係人口創出拡大や防災に取り組む自治体関係者だろう。

　関係人口の創出拡大には、都会と地方の両方の価値を知る地域おこし協力隊員や他所からの移住・定住者、自治体職員による、ブログ、SNS、YouTube等での発信が重要である。特に、地域おこし協力隊員や移住・定住者は、よそ者としてその地域に定住したというブランド（付加価値）を活用して、地域外への地域の魅力を発信する貴重な担い手になれる可能性を秘めている。

今後、人口減少と高齢化が進む中で、(一部の観光案内のような出版を除いて)もっぱら地域で暮らす人を対象に情報発信していたローカルメディアの市場が縮小する中、ローカルメディアが育む情報メディア環境を地域で維持するため、ローカルメディアのコンテンツを活用した地域外への地域の魅力発信、及びそれとセットでモノやサービス(ふるさと納税の「お礼の品」等)を販売するためのプラットフォームが、今後、地域から発信するウェブメディアの新たな潮流として、各地域で誕生する可能性がある。

　またそのようなローカルメディアのコンテンツと連携したプラットフォームを、従来のローカルメディア自身が運営するのか、自治体や市民(NPO／NGO)が運営するのかはともかくとして、地域の市民メディアの担い手が、個人で発信するブログ、SNS、YouTube等とは別に、そうしたプラットフォームに記事や取材映像を提供する現地レポーターや編集者的な役割を担うことも考えられる。

　プラットフォームとなるサイトのモデルとしては、地域おこし協力隊員や移住・定住者や自治体関係者が仲介して、地域で暮らす人たちを対象にした地域メディアのコンテンツを、地域の外向けに見せ方を変えるとともに、地域の特産品を紹介・販売し、地域の魅力を伝えて関係人口を増やすようなスタイルのものは、充分に想定されよう。

　今回、この本の中では紹介できなかったが、地域おこし協力隊員OBの立ち上げた鹿児島県長島町の長島未来企画合同会社がKDDIと提携して開発した長島町の観光振興を目的としたモバイルコンテンツ「長島大陸クエスト」、小豆島の移住・定住者の7名の女性が小豆島の魅力を伝える「小豆島カメラ」等、地域の魅力を発信するユニークな市民メディアは全国各地に多数あり、今後、既存のローカルメディアとの連携によるさらなる情報発信の拡大や、地域からの情報発信を通して関係人口拡大に向けた地域の応援団となる人の囲い込みが期待される。

　今後ともローカルメディアが各地で存続していくため、地域の情報発信者となる市民や自治体関係者との連携による新たな地域外への発信の仕組みづくりに向けて、この本が3.11から今日に至るまでの近年のローカルメディアの動向や新たな取り組みについて把握する資料として役に立てば幸いである。

　最後にこの本は、多くの取材で貴重なお話をうかがわせていただいたローカ

ルメディア関係者、そして全国各地の個々の市民映像の作り手等を含む多くの
市民メディア関係者の協力のもとに成り立っている。そうした多くの方々に、
改めて感謝の気持ちをお伝えしたい。

　また、辛抱強く本書の原稿を待って編集していただいた久保則之（久保企画編
集室代表、元あけび書房代表）さんに、お礼申し上げたい。

　なお本書は、2021年度武蔵大学研究出版助成を受けて出版されました。

　　　　2021年6月21日　　　　　　　　　　　　　　　　松本　恭幸

執筆者紹介

松本 恭幸（まつもと やすゆき）（まえがき、第2章、第3章、第4章、第7章、第8章、終章、あとがきにかえて）

早稲田大学大学院経済学研究科修士課程修了。現在、武蔵大学社会学部メディア社会学科教授。

著書は、『市民メディアの挑戦』（リベルタ出版）、『コミュニティメディアの新展開－東日本大震災で果たした役割をめぐって』（学文社）、共編著に『メディアプロデュースの世界』（北樹出版）。

佐藤 和文（さとう かずふみ）（第1章、第5章）

東北大学法学部卒。河北新報社メディア局長、デジタル戦略委員会シニアアドバイザー等を経て、現在、メディアプロジェクト仙台代表、「TOHOKU360」（https://tohoku360.com/）編集デスク。

著書は、『仙台発ローカルメディア最前線－元地方新聞記者が伝えるインターネットの未来』（金風舎）、『仙台ジャズノート』（金風舎）。ブログ「Web日誌2.0」（http://www.media-project-sendai.com/）執筆。

佐藤 博昭（さとう ひろあき）（第6章）

日本大学芸術学部映画学科卒。現在、ビデオ作家、ＮＰＯ法人市民がつくるＴＶＦ副代表。日本大学芸術学部映画学科、武蔵大学社会学部、日本工学院専門学校等で非常勤講師を勤める。

著書は、『戦うビデオカメラ－アクティビズムから映像教育まで』（フィルムアート社）、共編著に、『スーパー・アヴァンギャルド映像術－個人映画からメディア・アートまで』（フィルムアート社）、共著に『シリーズ 日本のドキュメンタリー』（岩波書店）。

令和のローカルメディア

2021年7月20日　第1刷 ©

著　者　松本恭幸、佐藤和文、佐藤博昭
発行者　岡林　信一

発行所　あけび書房株式会社
　　　　〒120−0015 東京都足立区足立1−10−9−703
　　　　　　　　電話 03. 5888. 4142　FAX 03. 5888. 4448
　　　　info@akebishobo.com　https://akebishobo.com

ブックデザイン／森近恵子（アルファ・デザイン）
編集・制作／久保則之（久保企画編集室）
組版／アテネ社　印刷・製本／モリモト印刷

ISBN978-4-87154-192-3　C3036

「政府のNHK」ではなく、「国民のためのNHK」へ
NHKが危ない！

池田恵理子、戸崎賢二、永田浩三著　「大本営放送局」になりつつあるNHK。何が問題で、どうしたらいいのか。番組制作の最前線にいた元NHKディレクターらが問題を整理し、緊急提言する画期的一冊。　　1600円

フェイクニュースに翻弄されない社会を目指して
ファクトチェック最前線

立岩陽一郎著　急速に重要さを増すファクトチェック。世界での取り組みの広がりと、日本での始動を紹介し、ファクトチェックのすすめ方、ルールなどの実際を元NHK記者が分かりやすく記す先進的一冊。　　1400円

強制疎開死3600人の真相に迫る
沖縄「戦争マラリア」

大矢英代著　日本で唯一の地上戦が起きた沖縄。だが、戦闘がなかった八重山諸島で多くの住民が死んだ。何故？　そこには日本陸軍のおぞましい本質が…。山本美香記念国際ジャーナリスト賞受賞の話題のルポ。　　1600円

なぜ、これほどまでに情けなくなってしまったのか!?
これでいいのか！　日本のメディア

岡本厚、北村肇、仲築間卓蔵、丸山重威著　メディアは真実を伝えているのか？　なぜ伝えられないのか？　メディアの受け手はどうすべきか？　新聞・テレビ・雑誌の第一人者がメディアの今とこれからを問う。　　1600円

子どもたちのために何ができるか
福島の甲状腺検査と過剰診断

髙野徹、緑川早苗、大津留晶、菊池誠、児玉一八著　甲状腺検査に関する最新の情報を提供し、福島県の子どもたちにとっての最善のありかたを提案する。玄侑宗久（作家、福島県・福聚寺住職）さん推薦　　2000円

原爆スラムと呼ばれたまち
ひろしま・基町相生通り

石丸紀興、千葉桂司、矢野正和、山下和也著　原爆ドーム北側の相生通り。半世紀前、今からは想像もつかない風景がそこにあった。その詳細な記録。こうの史代（漫画家、『夕凪の街　桜の国』作）さん推薦　　2000円